Eugene Rousseau
Das Höhen—Register des Saxophons

Eine systematische Studie extreme hoher Lagen
für Sopran-, Alt-, Tenor- und Baritonsaxophon

Deutsche Übersetzung von
Thomas Baldner

(Professor an der Indiana University)

A Division of
LAUREN KEISER MUSIC PUBLISHING

Das Höhen-Register des Saxophons

[German language edition of SAXOPHONE HIGH TONES]
Eugene Rousseau, translated by Thomas Baldner

Copyright © 1987 Norruth Music, Inc. Copyright assigned 2008 to Lauren Keiser Music Publishing (ASCAP). All rights reserved. International Copyright Secured. No part of this publication may be reproduced, stored in a retrieval system, or transmitted—in any form or by any means now known or later developed—without prior written permission from the publisher except in the case of brief quotations embodied in critical articles and reviews.

Printed in USA

For information and catalogs, contact:

Lauren Keiser Music Publishing
10750 Indian Head Industrial Blvd.
St. Louis, Missouri 63132 USA

Phone: 203-560-9436
Fax: 314-270-5305
Email: info@laurenkeisermusic.com
Website: laurenkeisermusic.com

VORWORT

Die Möglichkeiten unterschiedlicher Ausdrucksformen beim Saxophonspiel sind vermutlich so vielfältig wie die Fähigkeiten der zahllosen Saxophonisten, die sich ihrer bedienen. Es bedarf keines besonderen Hinweises, dass sich das Saxophon, dieses jugendliche Mitglied der Bläserfamilie, inzwischen zu einem Instrument von enormer Leistungsfähigkeit entwickelt hat. Die Liste hochgeschätzter Saxophonisten aller Stilrichtungen überall in der Welt ist enorm und wächst ständig. Literatur für das Instrument gibt es in Form von Originalkompositionen sowohl wie Transkriptionen aus nahezu allen Stilepochen, und in immer höherem Masse entdecken zeitgenössische Komponisten den Reichtum seiner Möglichkeiten.

Zu den vielen Entwicklungselementen des Saxophons gehört die Entdeckung und Nutzbarmachung dessen, womit sich dieses Buch beschäftigt: Jener hohen Töne oberhalb des normalen Umfangs, die man Obertöne nennt. Seit Jahren besteht ein starkes und weit verbreitetes Interesse bei Spielern, Lehrern und Komponisten an der Erweiterung der Reichweite des Saxophons über das 𝄞 oder 𝄞 hinaus. Des Autors grosses Interesse an dieser Entwicklung wurde zur Grundlage dieses Buches.

Eugene Rousseau

April 1978

AUTOGRAPHY: A. SNESRUD

PHOTOGRAPHY: F. SATOH

EUGENE ROUSSEAU
eine Kurzbiographie

Als einer der grossen Saxophonisten seiner Zeit besitzt Eugene Rousseau weitreichende Erfahrungen in vielen Bereichen der Musik. Seit seinem ausserordentlich erfolgreichen Debut in der New Yorker Carnegie Hall hat er überall in der Welt konzertiert, in Kanada, England, Frankreich, Deutschland, Holland, Österreich, der Tschechoslowakei, New-Seeland, Australien, Afrika, Südamerika, Japan, und allen Teilen der Vereinigten Staaten.

Rousseau hat ein tiefes Wissen um alles, was Holzblasinstrumente betrifft. Er erwarb seinen Doktortitel 1962 an der Universität von Iowa, und ist seit 1964 Professor an der Indiana University in Bloomington, wo er sechs Jahre lang Leiter der gesamten Holzbläserabteilung war. Die Universität von Montreal und ein grosses südamerikanisches Orchester bedienen sich seiner umfassenden Kenntnisse mit ausgedehnten Beraterverträgen. In den Jahren 1982 und 1983 wird er, der als erster Saxophonprofessor an der Hochschule für Musik in Wien wirkte, abermals dort eine Gastprofessur bekleiden.

Eugene Rousseau hat eine Vielzahl von Kammermusikwerken und eine Reihe von Saxophon-Konzerten für die "Deutsche Grammophon" eingespielt. Seine Veröffentlichungen umfassen ein zweibändiges Lehrbuch für Saxophon (Kjos), ein Werk über die Erweiterung des Tonumfangs auf dem Saxophon "Saxophone High Tones" (Etoile), nebst grossen Zahl von Originalkompositionen und Bearbeitungen. In den vergangenen zwölf Jahren hat er seine ganze Phantasie und sein enormes Können der akustischen Entwicklung der Saxophon und ihrer Mundstücke gewidmet. Als Chef-Berater der Yamaha Corporation für Saxophonforschung-und Entwicklung hat er nicht weniger als achtzehn Reisen nach Japan unternommen. Von 1978 bis 1980 war er Präsident der Nordamerikanischen Saxophongesellschaft.

INHALTSVERZEICHNIS

Vorwort	3
Grifftabelle für den normalen Bereich	6
Der Ansatz	7
Übungen bei geschlossenem Rohr	8
Akustik und Lüftung	13
Die Überblastechnik von Sexten	19
Überkrückung der Register	26
Über die Sexten hinaus	31
Grifftabelle für hohe Töne	34
Chromatische Tonleitern	38
Dur-Tonleitern (eine Oktave)	42
Dur-Tonleitern (erweiterter Bereich)	43
Arpeggios in Dur	47
Harmonische Moll-Tonleitern (eine Oktave)	48
Harmonische Moll-Tonleitern (erweiterter Bereich)	49
Arpeggios in Moll	53
Melodische Moll-Tonleitern (eine Oktave)	54
Melodische Moll-Tonleitern (erweiterter Bereich)	55
Ganztonleitern	59
Arpeggios übermässiger Dreiklänge	60
Tonleitern mit ungewöhnlicher Intervallfolge	61
Arpeggios verminderter Sept-Akkorde	63
Übungen in Terzen	65
Pentatonische Tonleitern	66
Artikulierung hoher Töne	69

DER ANSATZ

Die Voraussetzung für das Spielen von Obertönen auf dem Saxophon ist das, was man einen "schönen Ton" nennt, der auf allen Blasinstrumenten vom richtigen Ansatz abhängt. Obgleich sich dieses Buch nicht mit Anfängerproblemen beschäftigt, ist ein gründliches Verständnis fundamentaler Ansatztechnik unerlässlich, ehe man sich dem Versuch zuwendet, hohe Töne über den normalen Umfang des Instrumentes hinaus zu erzielen. Die Grundlagen dessen sind Folgende:

1) Die Unterlippe ist leicht über die Zähne zu legen.
2) Das Kinn ist in normaler Position zu halten.
3) Mit dem Mund ist ein "U" zu formen.
4) Die Mundstellung muss leicht gekräuselt sein.
5) Das Mundstück selbst soll, losgelöst vom Instrument, zu Übungen benutzt werden, wobei die Zähne fest auf dem oberen Teil desselben zu liegen kommen.
6) Die gerundete "U"-Formung sollte dem Ganzen eine feste Stütze bieten.

Um zu ermitteln, wieviel Mundstück zwischen die Lippen genommen werden muss, sowie zur Erprobung der Druckstärke der Lippen und des Bisses, sollten folgender Töne auf dem Mundstück *alleine* geblasen werden. Wichtig ist, dass dieser erste Versuch im Fortissimo geblasen wird.

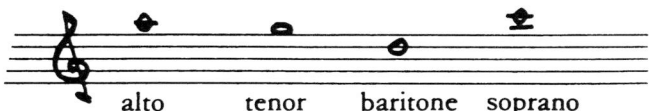

Sollte der auf dem Mundstück hervorgebrachte Ton höher als der in dem Notenbeispiel angegebene ausfallen, so muss der Luftstrom nach unten gerichtet werden, wobei der Ansatz seine stützende Festigkeit bewahrt. Wenn der Ton zu tief gerät, dann richte man den Luftstrom nach oben. Unter keinen Umständen darf der Ansatz gelockert werden. Der Luftstrom muss völlig unabhängig vom Ansatz in seiner Richtung verändert werden können.

DIE OBERTON-REIHE

Jeder Ton, der auf einem Blasinstrument zum Klingen kommt, besteht aus der Kombination mehrerer Töne, ein Phänomen, das aus der Oberton-Reihe abgeleitet wird. Obgleich die Obertöne nicht als Hauptnote hörbar werden, sind sie doch in mehr oder weniger starkem Masse Teil des Gesamtklanges. Die Haupt- oder Fundamental-Note ist der stärkste Anteil dieses Mischklanges und bestimmt die Tonhöhe. Alle anderen Töne sind Obertöne, die jedem Saxophonisten vertraut sind, der sich mit Klängen oberhalb des normalen Umfangs des Instrumentes beschäftigt hat.

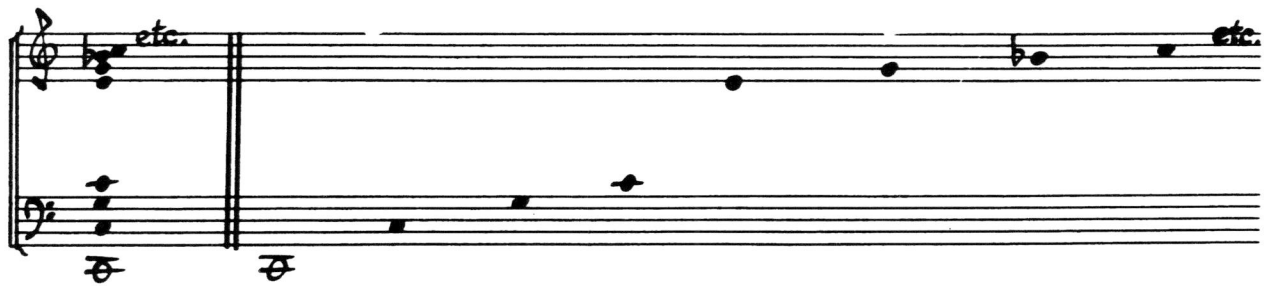

© Copyright 1978 Etoile Music, Inc. Bloomington, Indiana
All Rights Reserved. International Copyright Secured. Printed in U.S.A.

Durch Änderung des Ansatzes sowie des Luftdruckes können Fundamentaltöne umgangen, und Obertöne zu Haupttönen verwandelt werden. Zu diesem Zweck wird der Ansatz verstärkt, und etwas mehr Blatt in den Mund genommen. Dies geschieht durch ein ganz leichtes Vorschieben des Unterkiefers, nicht aber durch einen grösseren Anteil Mundstück zwischen den Lippen. Zur Erzielung höherer Obertöne muss der Luftdruck erhöht werden, wozu prinzipiell weniger Luft gebraucht wird. Diese Technik ist im Einklang mit den hohen Tönen, die laut Beschreibung auf Seite 7 auf dem Mundstück alleine ausprobiert wurden.

Die folgende Serie von Obertönen kann auf allen Saxophonen in der beschriebenen Form geübt werden. Es wird sich erweisen, dass erstens die Obertöne weniger gut ansprechen, je höher die Fundamentalnote liegt . . . H, C, Cis etc.; und zweitens, dass Obertöne bei geschlossenem Rohr wegen der Kürze desselben auf dem Sopran-Saxophon schwieriger darzustellen sind.

CLOSED TUBE EXERCISES
Diamond-shaped notes indicate fingering to be used.

10

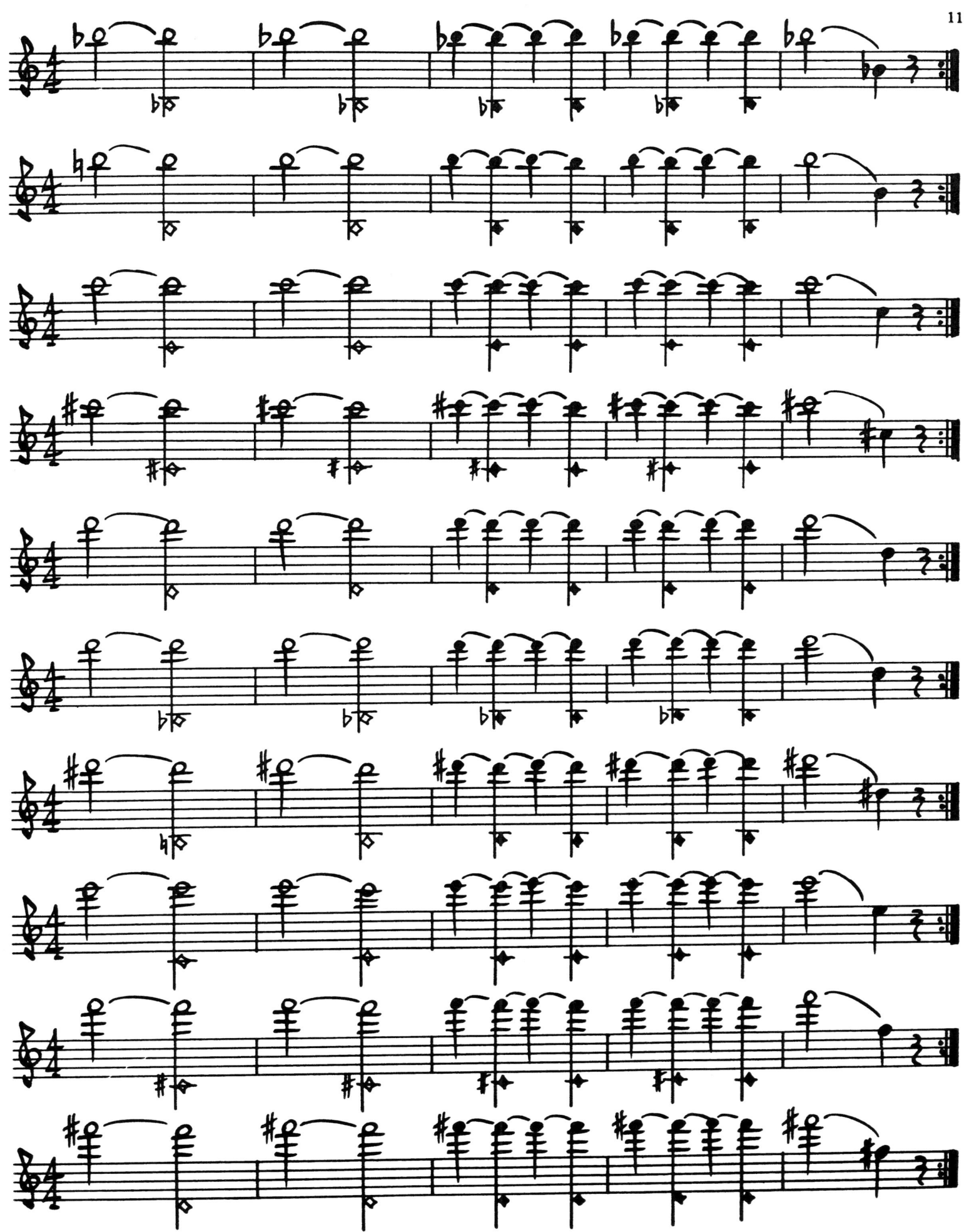

AKUSTIK UND LÜFTUNGS-TECHNIK

Akustisch gesprochen bringt auf einem Blasinstrument die vibrierende Luftsäule den Ton hervor. Diese Luftsäule schwingt allerdings nicht einheitlich in ihrer Gesamtlänge. Der Punkt, an dem das Instrument am stärksten schwingt nennt man "Bauch," während der Punkt geringster Schwingung "Knoten" heisst.

Wenn auf einem Blasinstrument der Fundamentalton angeblasen wird, dann stellt die Länge des Rohres eine Einheit aus "Knoten" und "Bauch" dar. Es bedarf zweier "Bäuche" und zweier "Knoten," um den Ton eine Oktave höher zum Klingen zu bringen.

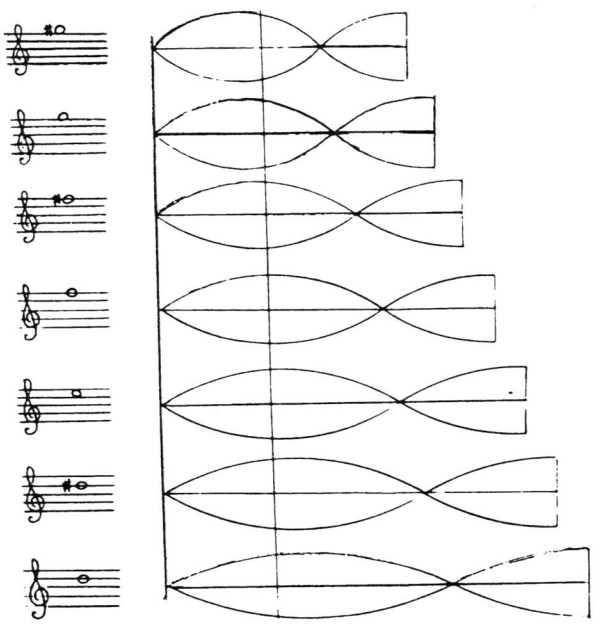

Lage der unteren Oktav-Klappe im Verhältnis zum "Bauch" jedes Tones. Im Idealfall sollte die Oktavlage mit dem "Bauch" zusammenfallen.

Das nächste Beispiel zeigt die ungefähre Lage der beiden Oktavklappen des Saxophons. Abermals: Im Idealfalle sollte die Lage der Oktavklappe mit dem "Bauch" zusammenfallen. Das aber würde eine grosse Zahl Oktavklappen erfordern, was nicht sehr praktisch wäre. Darum müssen beim Bau von Saxophonen eine Reihe von Kompromissen eingegangen werden.

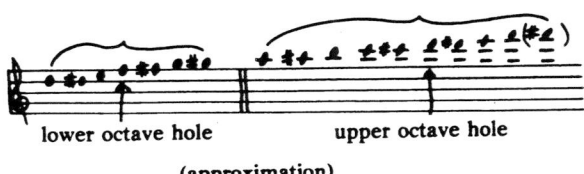

Nun ist es, wie oben vermerkt, nicht nur möglich, sondern vielfach wünschenswert, mehr als nur einen Ton aus ein-und-dem-selben Griff abzuleiten. Oftmals erzielt man die kleine, jedoch absolut notwendige Korrektur durch das Öffnen einer Klappe. Diese geringfügige Öffnung wird, wenn sie der Erzeugung von Obertönen gilt, mit "Lüftung" bezeichnet, der Vorgang selbst mit "lüften." Fast alle Saxophone verfügen über zwei Lüftungsrohre, die man Oktavklappen nennt.

1. Obere Oktavklappe
   (Oberes Lüftungsrohr — UVT)

2. Untere Oktavklappe
   (Unteres Lüftungsrohr — LVT)

3. Fundamentaltöne

4. Oktaven, die durch die untere Oktavklappe erzielt werden (LVT)

5. Oktaven, die durch die obere Oktavklappe erzielt werden (UTV)

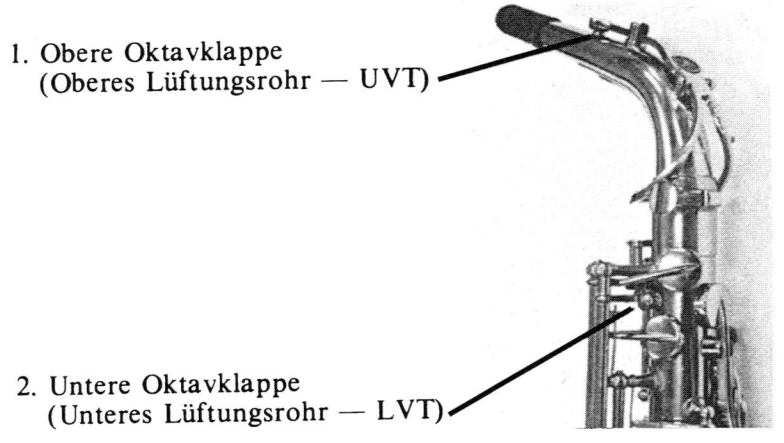

Das *gebräuchlichste* Beispiel eine Lüftung ohne Benutzung der Oktavklappen ist die F-Klappe (siehe Grifftabelle auf Seite 6 für die grundlegenden Saxophon-Griffe), manchmal auch F-Hilfsklappe oder Vordere F-Klappe genannt. Die Klappe wird gewöhnlich für den Griff gebraucht und stellt die

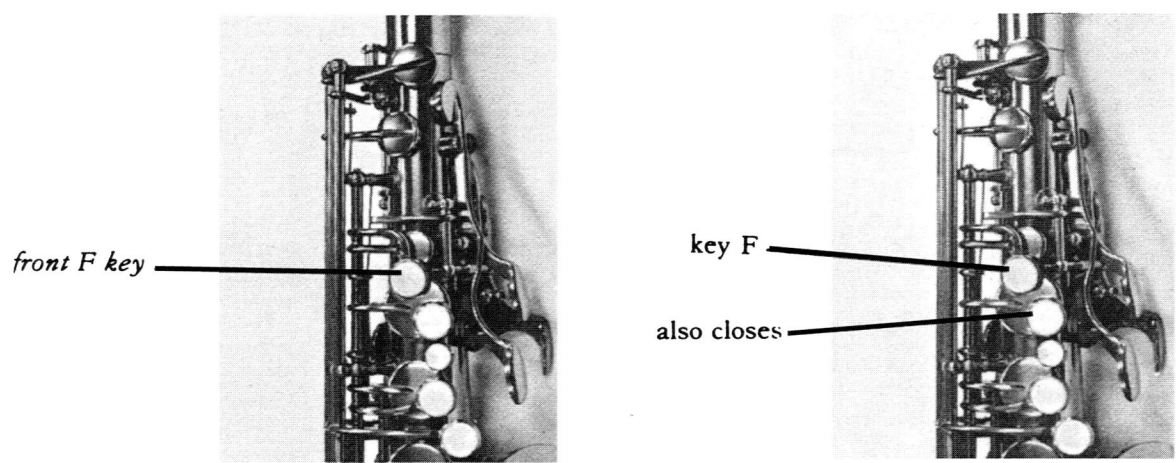

meist verwendete Ausgangspositionen für das Intervall dar. Das somit erzielte ist jedoch *nicht* die Folge eines Obertons von sondern vielmehr von . Somit wird der Ton — durch die Benutzung der F-Klappe als Lüftung — von abgeleitet.

Auf den meisten Saxophonen öffnet sich die F-Klappe weiter als eigentlich notwendig. Dies zeigt sich, wenn ein Spieler bläst, während ein zweiter LSK3 so weit öffnet, wie es dem normalen Vorder-F entspräche. Man versuche nun LSK3 soweit niederzudrücken bis die Klappe nahezu geschlossen ist. Die Qualität des wird sich um ein Geringes verändern, aber der Ton spricht weiterhin an. Auf den folgenden Seiten soll diese Technik verfeinert werden und weitgehend zur Anwendung kommen.

Indem LSK3 die Funktion einer echten Lüftungsklappe übernimmt entsteht ein Konflikt zwischen ihr und der unteren Oktavklappe (LVT). Daher wird oftmals mit Erfolg LSK3 als Lüftungsrohr unter Ausschluss der oberen Oktavklappe benutzt. Ein kleiner, flacher Gegenstand (Papier, altes Rohrblatt etc.) von etwa 0,25 mm Dicke sollte benutzt werden, um LSK3 offen zu halten. Unter Ausschluss der Oktavklappe wird dann das Spielen folgender Töne auf dem Alt- oder Tenorsaxophon möglich.

● = Griff bei Öffnung von LSK3 ca 0,25 mm
○ = Klang
ANFANGS SOLLTEN ALLE TÖNE UNGESTOSSEN
GEBLASEN WERDEN

1. Auf den meisten Tenorsaxophonen zu tief.
2. Auf den meisten Tenorsaxophonen viel zu tief. Unbrauchbar.
3. Meistens das Aequivalent des Fis auf dem Tenorsaxophon.
4. Meistens das Aequivalent des G auf dem Tenorsaxophon.

Obgleich Obiges fast immer die einfachste Lösung zum Erzielung dieser hohen Töne ist, sollte die selbe Methode auch mit der Oktavklappe geübt werden, da dies der üblichen Aufführungspraxis eher entspricht.

Es muss daran erinnert werden, dass obige Beispiele lediglich die Absicht verfolgen, Hilfestellung zu leisten bei der Entwicklung einer gewissen Fertigkeit im Hervorbringen hoher Töne. Wenn die Übungen einmal gemeistert sind, dann sollten auch die normalen Griffe für das Altsaxophon in folgender Weise erarbeitet werden:

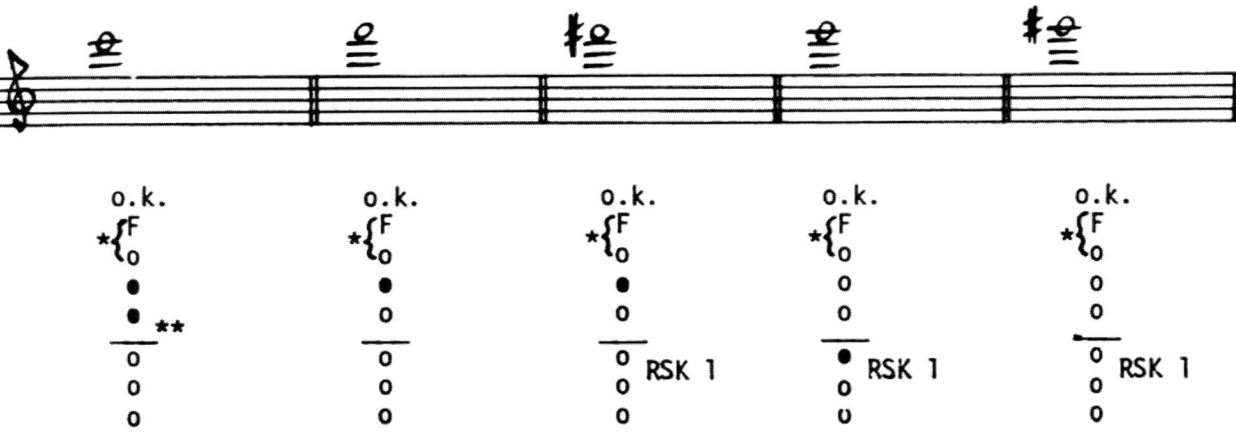

*Der Zeigefinger liegt auf der F-Klappe, die sich automatisch schliesst
**Der Gebrauch der Gis-Klappe könnte auf einigen Altsaxophonen nötig sein.

Für das Tenorsaxophon werden folgende Griffe vorgeschlagen:

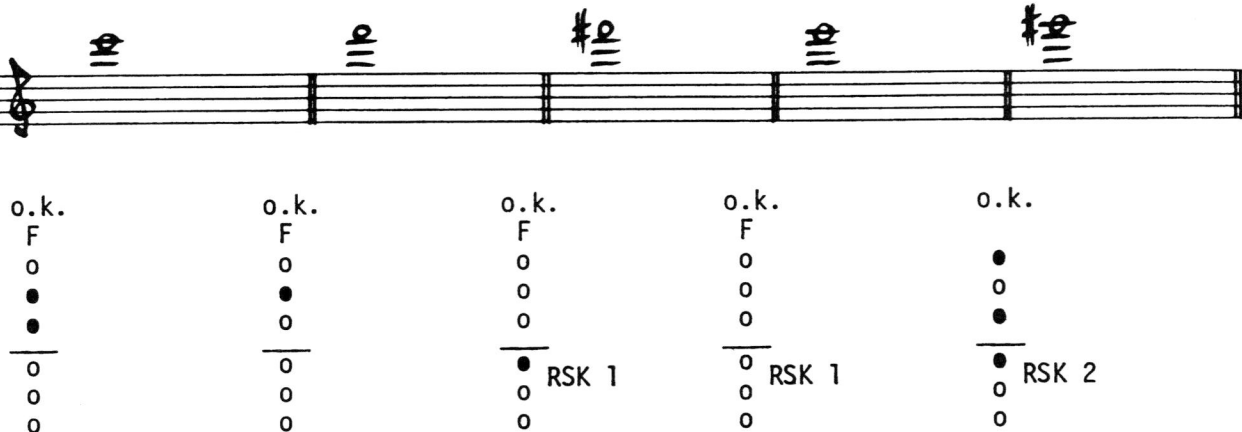

Man kann nun die F-Klappe leicht verändern, um ihre Öffnung zu verringern und damit ohne nachteilige Folgen ihre Funktion als Lüftungsklappe erhöhen (siehe Photo). Viele Schüler des Autors haben diese Veränderung an ihren Instrumenten selbst vorgenommen und damit erstaunliche Resultate erzielt.

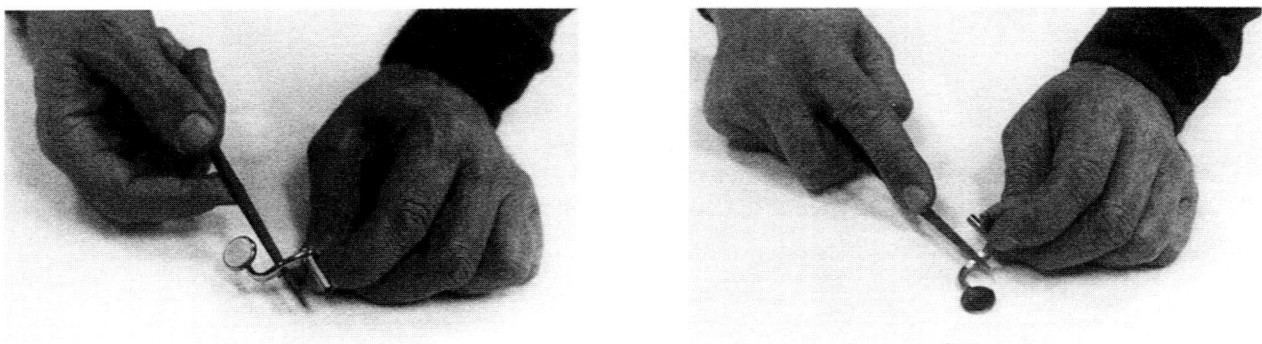

Im Gegensatz zum Alt- und Tenorsaxophon wird für das Sopransaxophon RSK3 für die folgenden Töne als Lüftungsklappe benutzt.

● = Griff bei Öffnung von RSK3 ca 0,25 mm
○ = Klang
JEDER TON IST UNGESTOSSEN ZU BLASEN

Genau wie beim Alt- und Tenorsaxophon sollten diese Töne auch *mit* der Oktavklappe geübt werden.

Die Normalgriffe für das Sopransaxophon sollten gleichfalls in der folgenden Weise geübt werden.

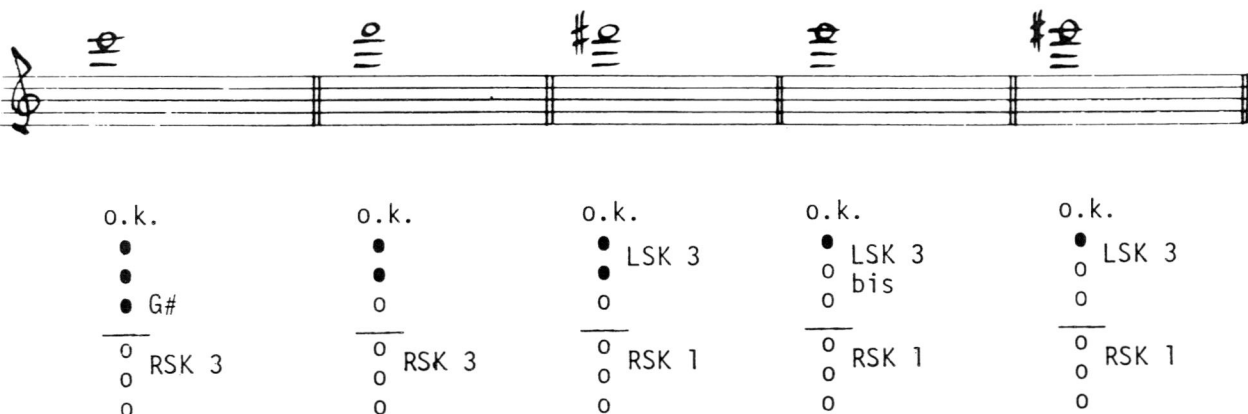

Zusätzlich kann folgendes Beispiel geübt werden, wenn das Sopransaxophon eine F-Klappe hat.

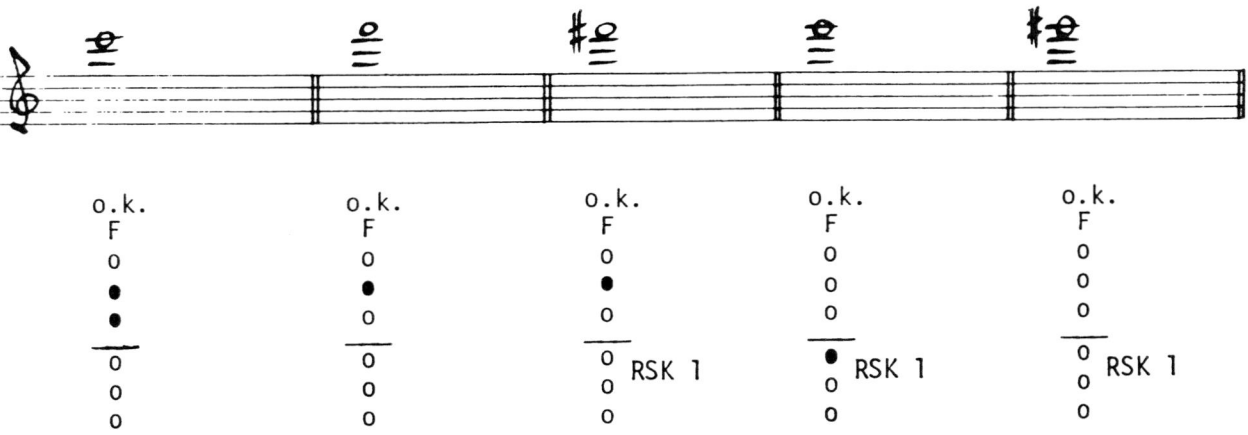

Für das Baritonsaxophon ergibt sich ein leicht unterschiedliches Verfahrensweise, indem RSK1 als Lüftungsklappe benutzt wird.

● = Griff zusätzlich RSK1
○ = Klang

Jetzt können auch die gebräuchlichen Griffe für das Baritonsaxophon geübt werden.

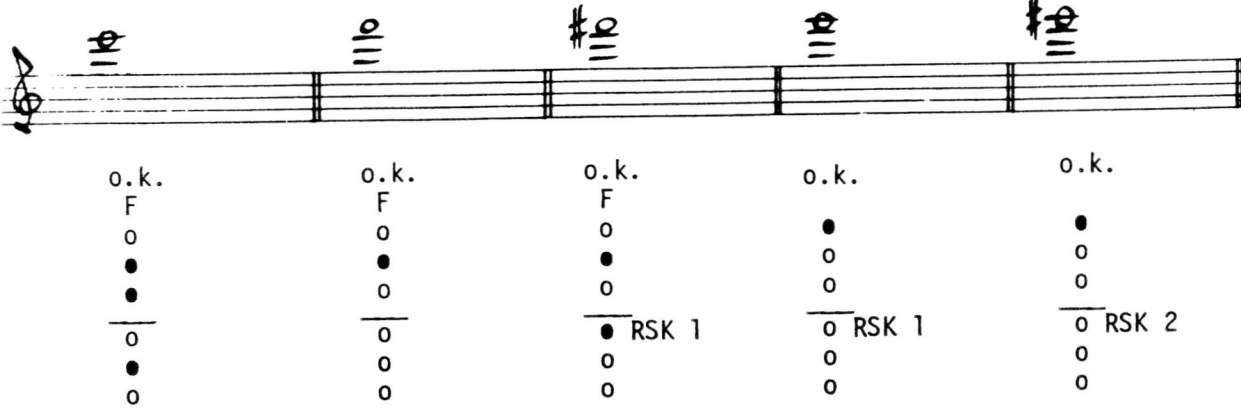

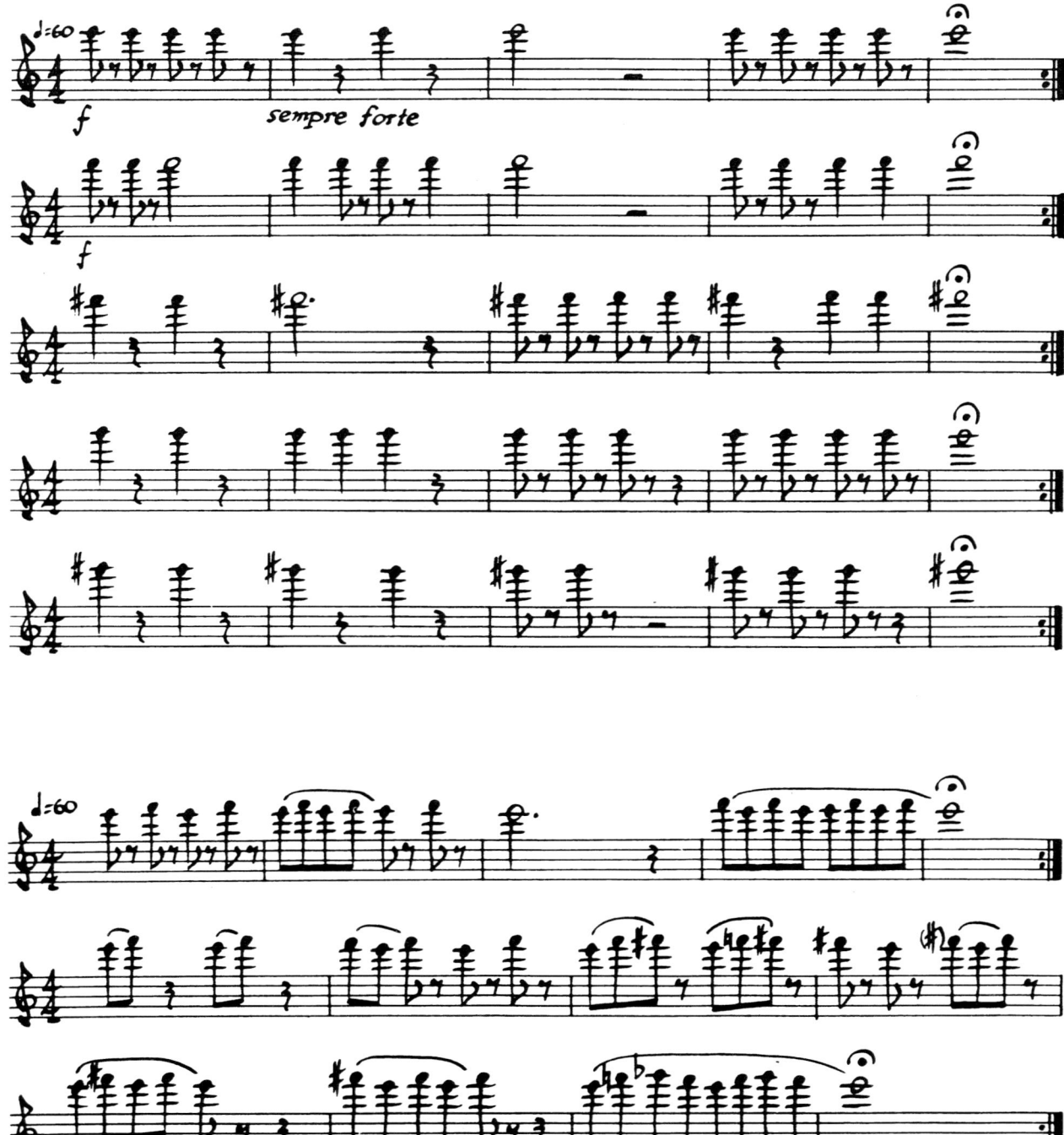

DIE TECHNIK DES ÜBERBLASENS VON SEXTEN

Nachdem wir die Notwendigkeit und Vorteile des Lüftens erläutert haben ist der Moment gekommen, die Überblas-Technik von Sexten zu erörtern. Die scharf konische Natur des Saxophonrohres eignet sich gut zum Spielen solcher Sexten, angefangen bei ♩♯♪ und chromatisch weiter bis ♩♪ . Das klingende Resultat beim Baritonsaxophon ist Folgendes: ♩♪♩♪♩♪

Drei grosse Vorteile ergeben sich aus dieser Technik:

1. Die Entwicklung hoher Töne.

2. Die Entwicklungsmöglichkeiten bei Ansatz- und Atemtechnik.

3. Die Verbesserung der Tonqualität im Bereich ♩♯♪♩♪

Die ersten Versuch beim Überblasen von Sexten können enttäuschend ausfallen. Die Methode aber ist einfacher als sie zunächst erscheint. Folgende Richtlinien sind zu beachten:

1. Man beginne mit den für die meisten Anfänger einfachsten Kombinationen ♩♪ oder ♩♯♪

2. Mehr Mundstück zwischen den Lippen wird die Versuche mit Sexten erleichtern, stellt aber eine Eselsbrücke dar, die beim Spielen im musikalischer Zusammenhang nicht benutzt werden sollte.

3. Diese Töne sollten im Rahmen der Übungen *nicht gestossen* werden, da sich die Zunge beim Spielen solch hoher Töne nicht in der normalen Stosslage befindet.

Das bedeutet nicht, dass hohe Töne nicht artikuliert werden können. Gestossenes Spiel im überhöhten Register aber ist ein sehr komplexer Vorgang, der später im Einzelnen erläutert werden soll (S. 69-71). Es sei darauf hingewiesen, dass Sopran-, Alt- und Tenorsaxophone grosse Sexten überblasen, das Baritonsaxophon aber eine kleine Sexte. Verallgemeinernd kann gesagt werden, dass Obertöne am einfachsten auf grossen, und am schwierigsten auf kleinen Saxophonen darzustellen sind. Für den Sopransaxophonisten gestaltet sich die Erweiterung des Tonumfanges mit seltenen Ausnahmen am schwierigsten.

For alto, tenor, and soprano:

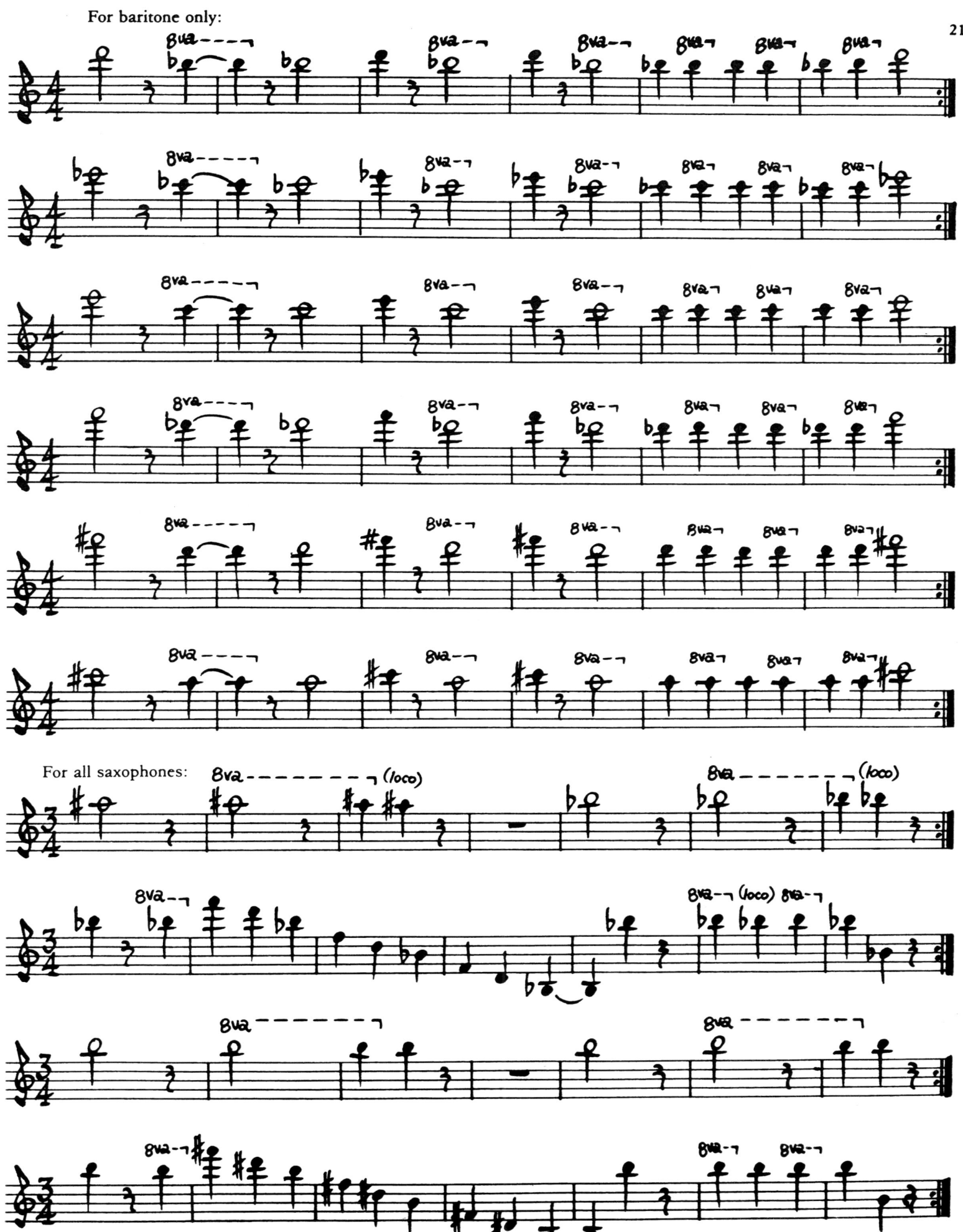

For baritone only:

ÜBERBRÜCKUNG DER REGISTER

Jetzt muss die Frage der Verbindung des normalen Registers mit dem erhöhten erörtert werden. Selbstverständlich sollten die bestmöglichsten Griffe verwendet werden. Wichtiger aber ist, dass ein Gefühl für die Ähnlichkeiten und Unterschiedlichkeiten dieser vielen hohen Töne entwickelt wird. Dies zu erzielen ist Zweck der folgenden Übungen: Man benutze die vordere F-Klappe für alle Beispiele der Seiten 26-30.

Use the front F Key for all examples on this page.

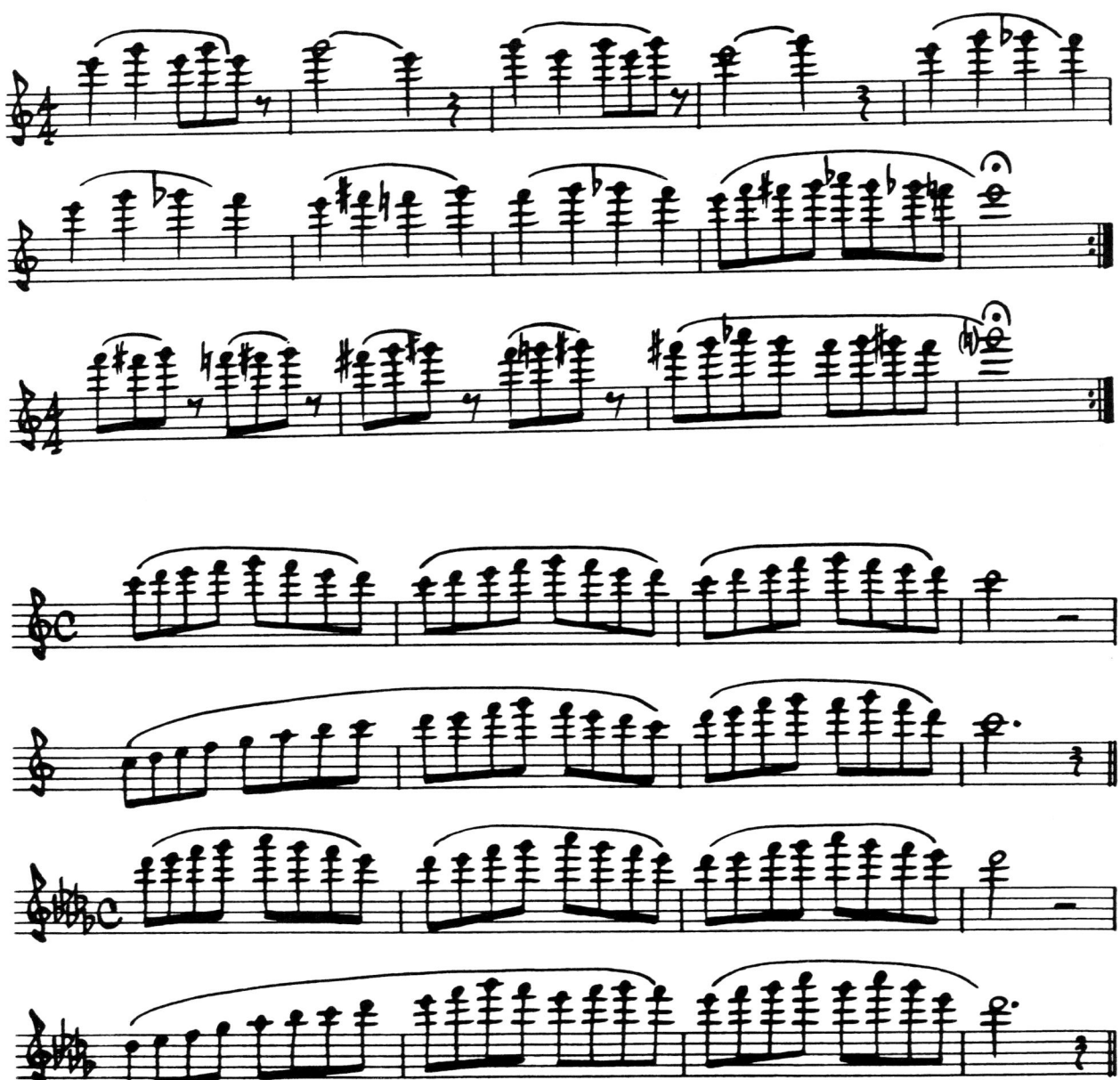

Use the front F Key for all examples on this page.

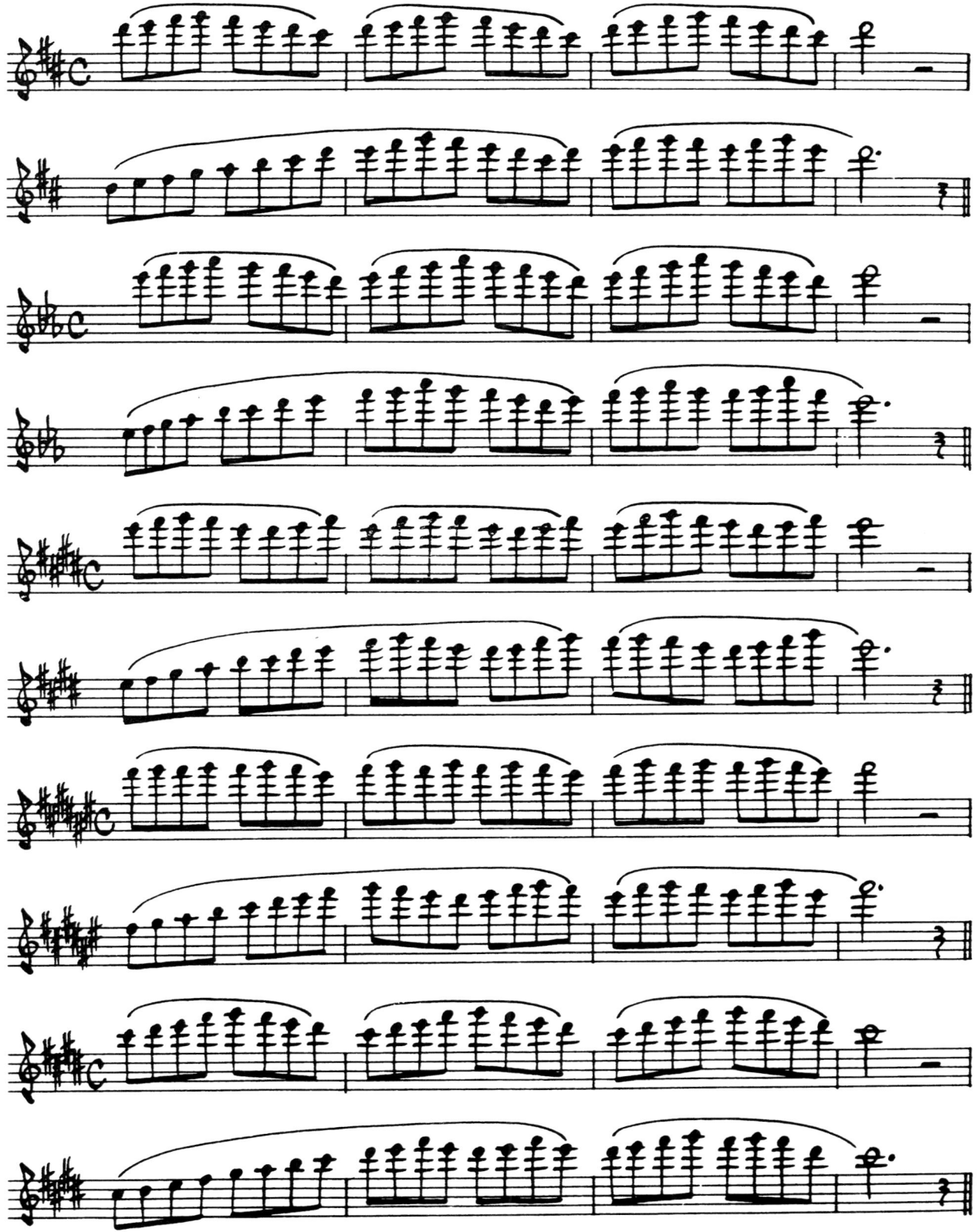

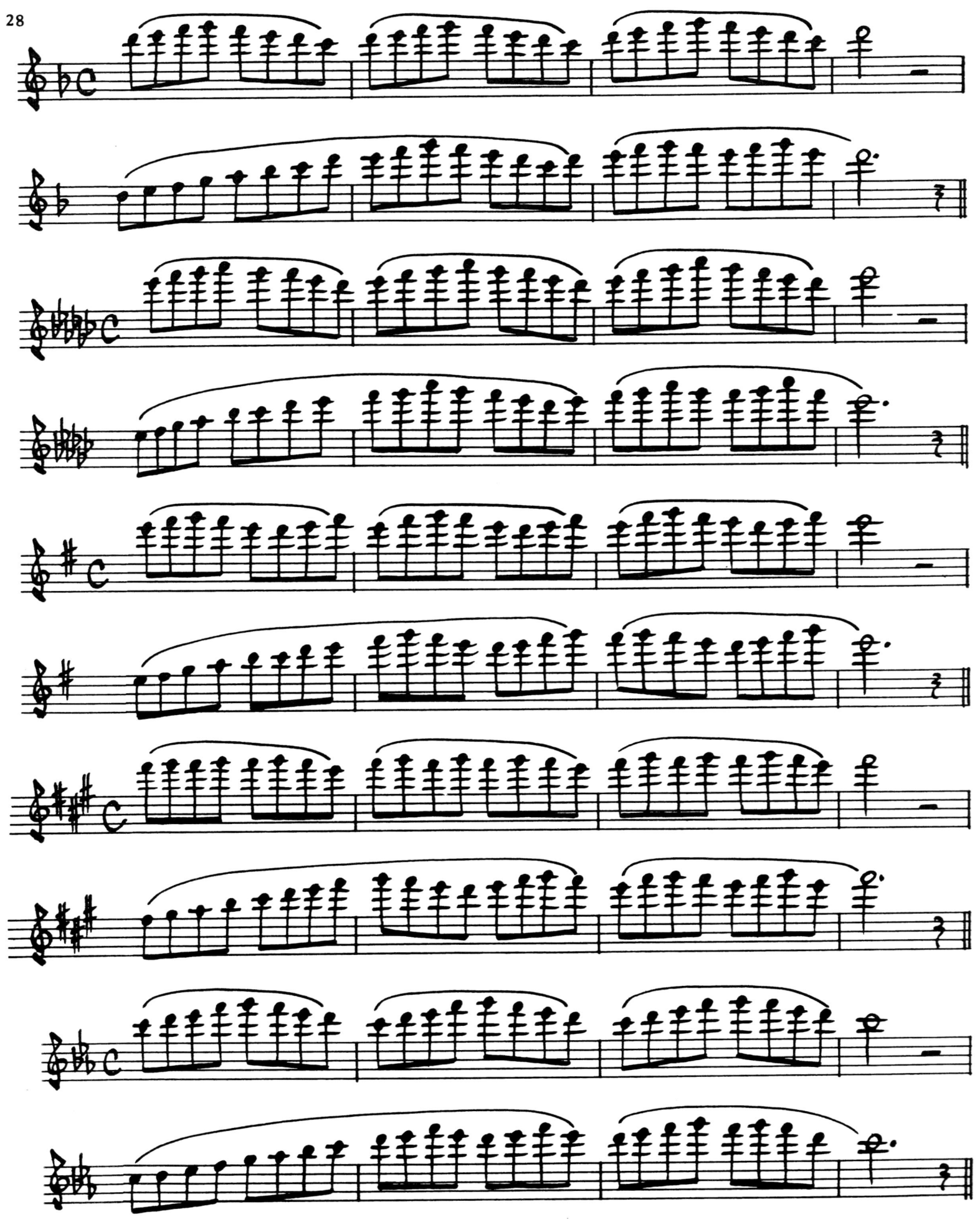

Use the front F Key for all examples on this page.

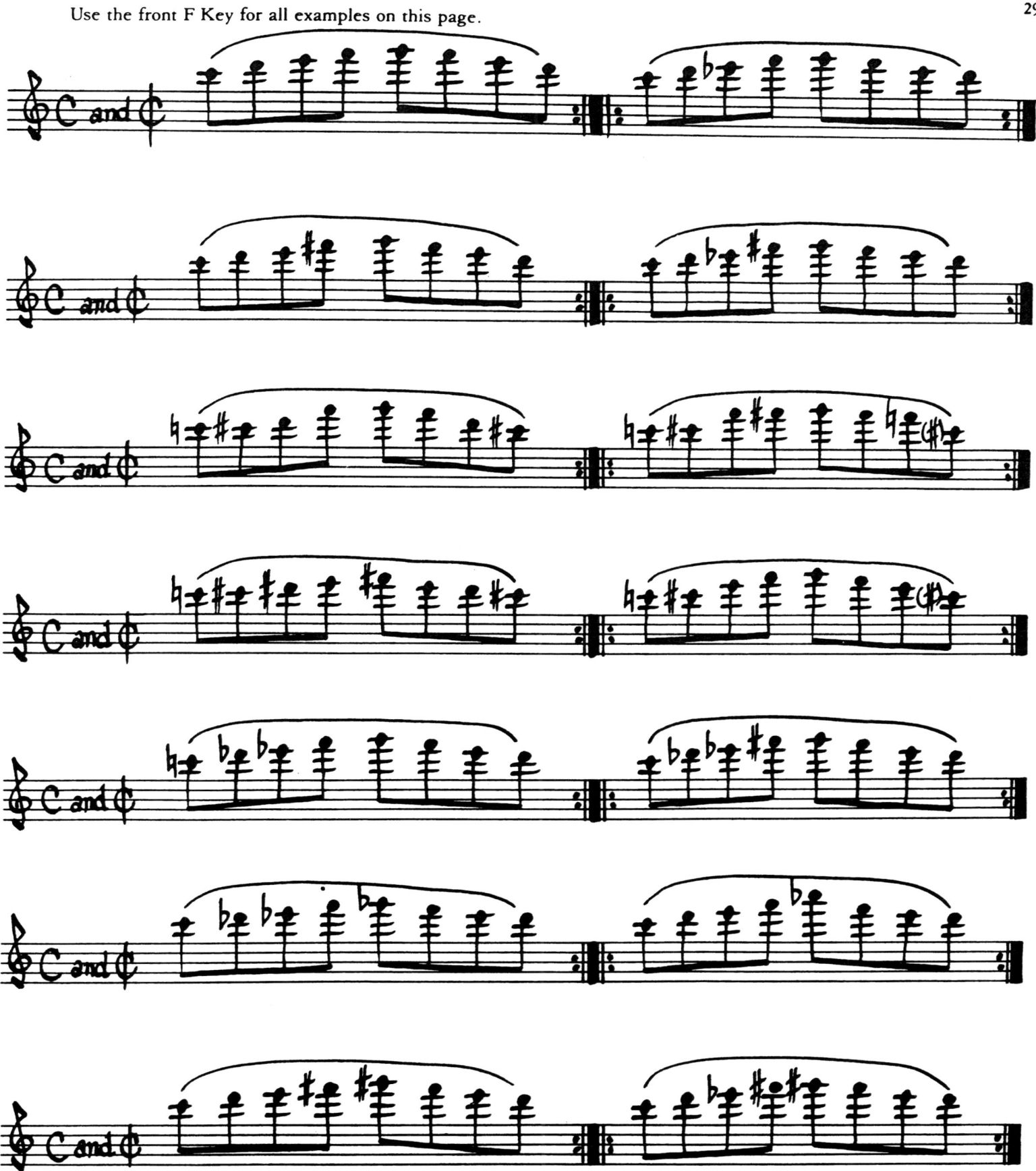

30 Use the front F Key for all examples on this page.

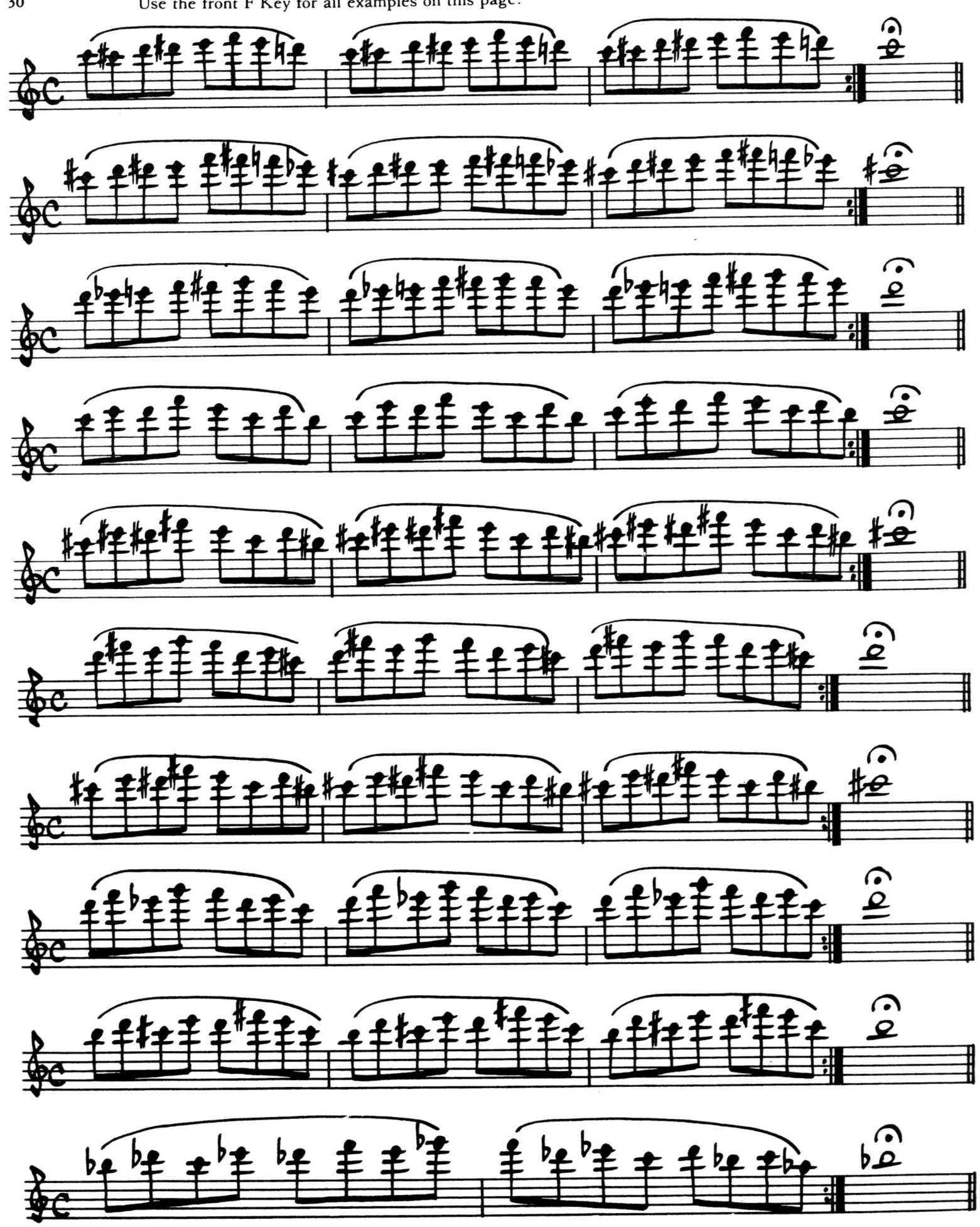

ÜBER DIE SEXTEN HINAUS

Nachdem man sich mit dem Überblasen von Sexten vertraut gemacht hat kann man das Verfahren auf Töne erweitern, die noch eine Quarte höher liegen:

• = Griff
° = Klang

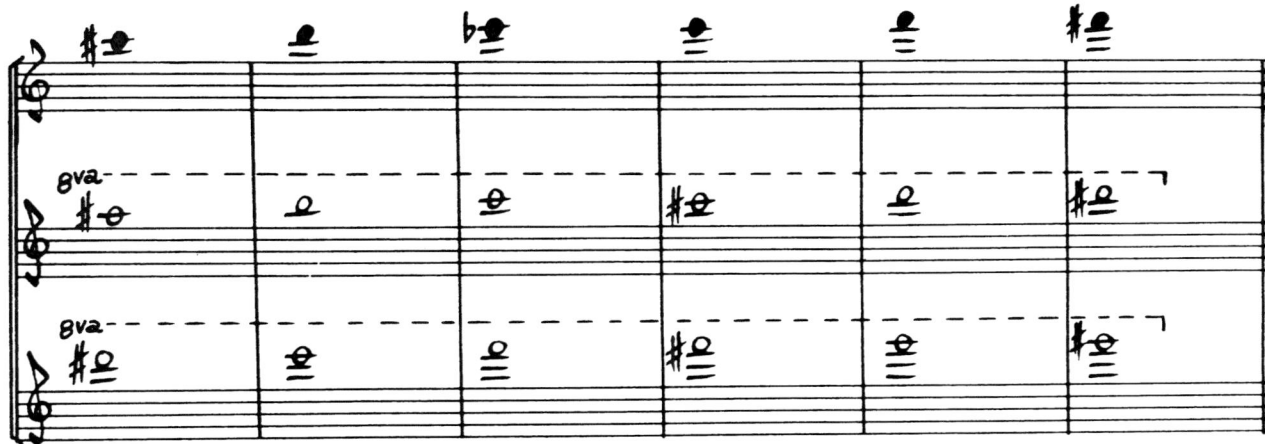

Beim Baritonsaxophon ergibt sich folgendes Resultat:

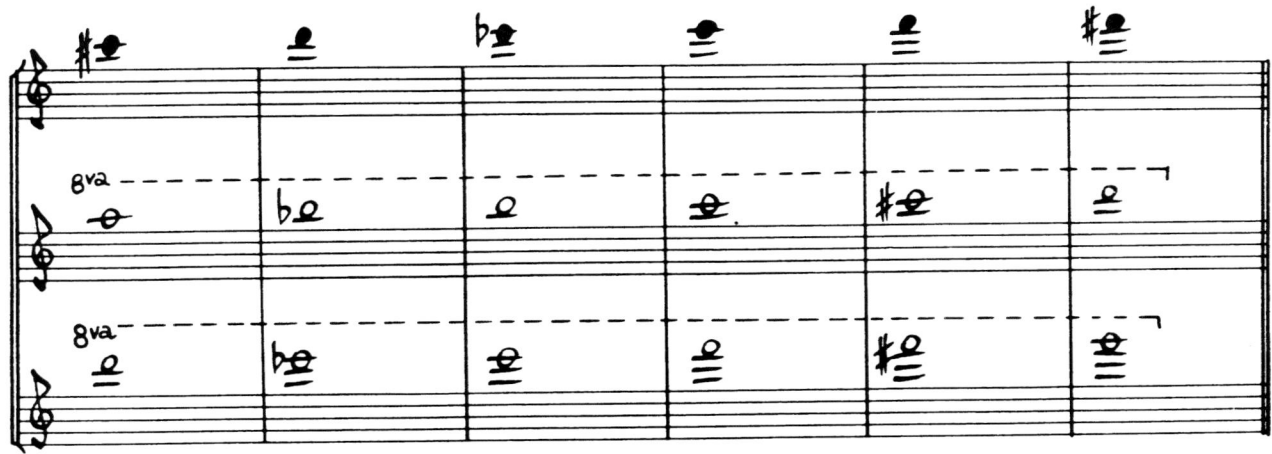

Für Töne oberhalb und einschliesslich des 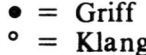 wird für die meisten Spieler eine wesentliche Änderung des Ansatzes nötig. Viel weniger Unterlippe wird gebraucht, und jeder Spieler muss in täglichen Übungen selbst entscheiden, wo für ihn das rechte Mass liegt. Der Grund für so wenig Lippenpolster bei extrem hohen Tönen ist bei den hohen Frequenzen zu suchen und den daraus sich ergebenden schnelleren Schwingungen des Rohrblattes.

For alto, tenor, and soprano:

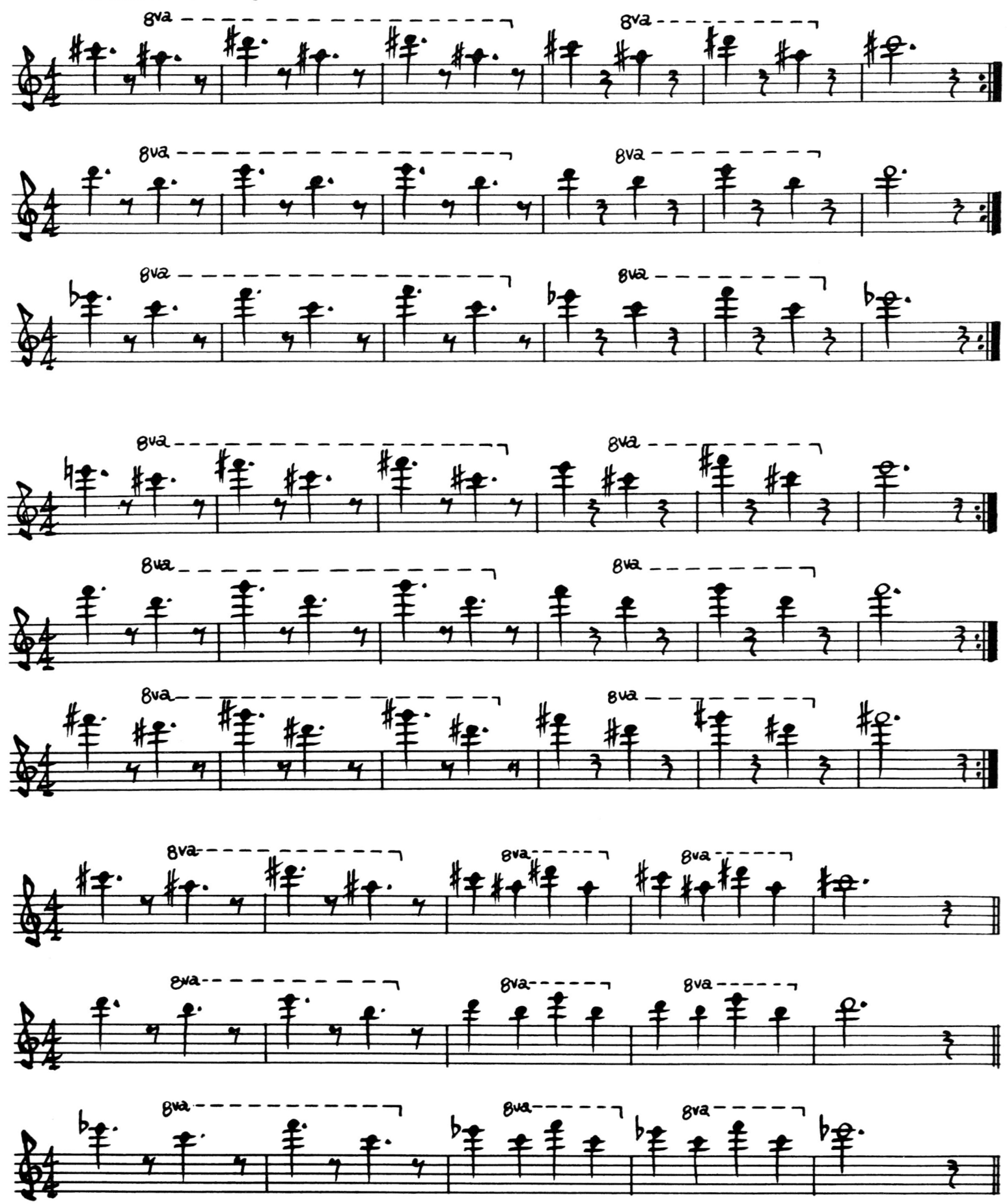

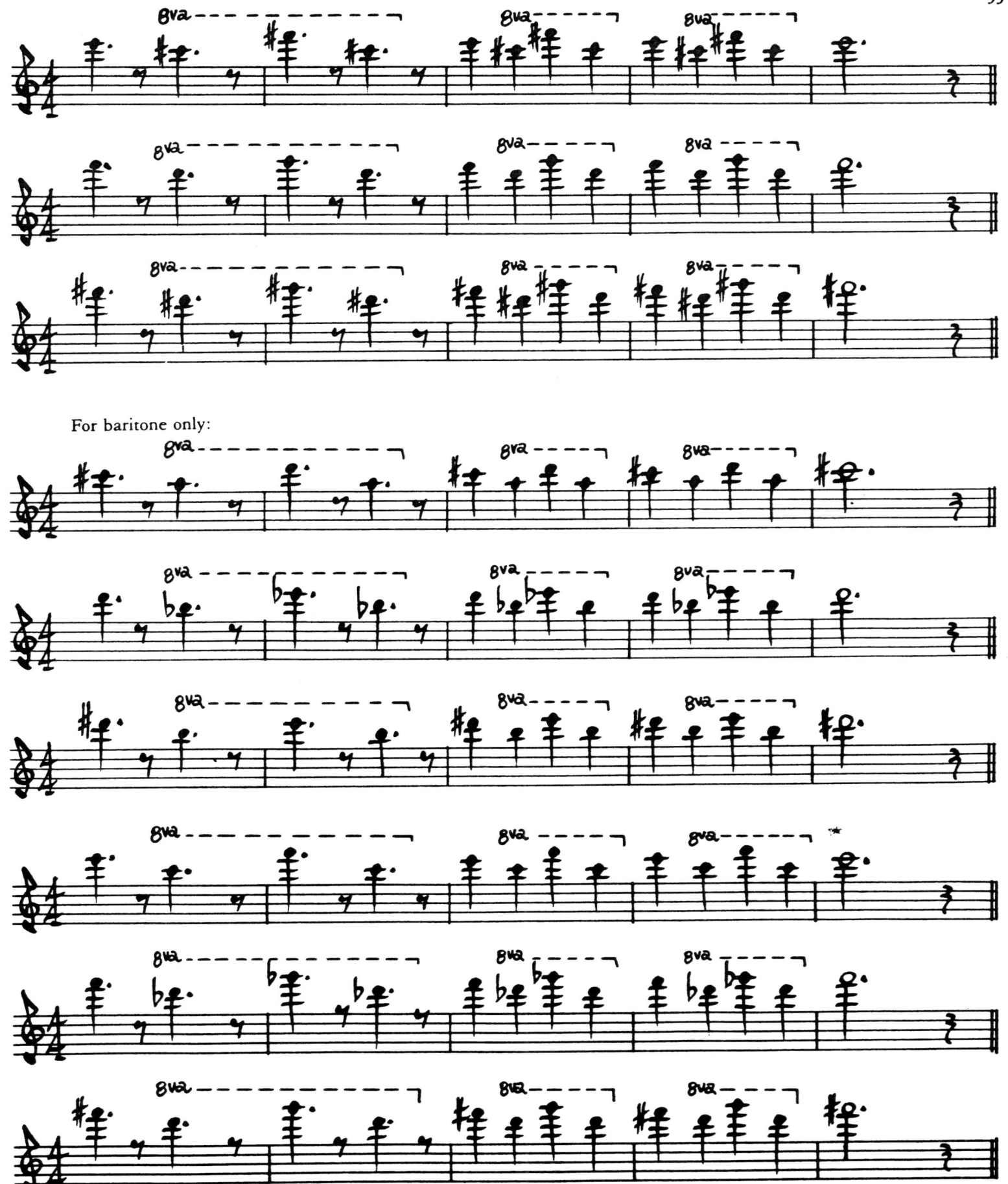

For baritone only:

GRIFFTABELLE für HOHE TÖNE
für SOPRAN-, ALT-, TENOR- UND BARITONSAXOPHONE
von EUGENE ROUSSEAU

Eine vollständige Grifftabelle für den höher als normalen Bereich des Saxophones gibt es nicht, und wird es auch nie geben. In diesem Bereich, existiert kein Griff den man als *den* richtigen bezeichnen kann. Es wird also in der folgenden Tabelle nicht versucht werden, alle bekannten Möglichkeiten darzustellen. Zweck derselben ist, dem Spieler Auswahlmöglichkeiten unter Griffen zu geben, die beim Autor und seinen Schülern unzählige Male die Feuer- und Wasserprobe bestanden haben. Jeder Spieler muss am Ende selbst entscheiden, welche Kombination von Griffen für seine Bedürfnisse am besten geeignet ist. Es muss mit Nachdruck darauf hingewiesen werden, dass Erfolg beim Spielen hoher Töne sich *nur dann* einstellen wird, wenn Ansatz- und Atemtechnik vollständig beherrscht werden, und wenn alle Griffkombinationen ständig *ohne zu blasen* geübt werden.

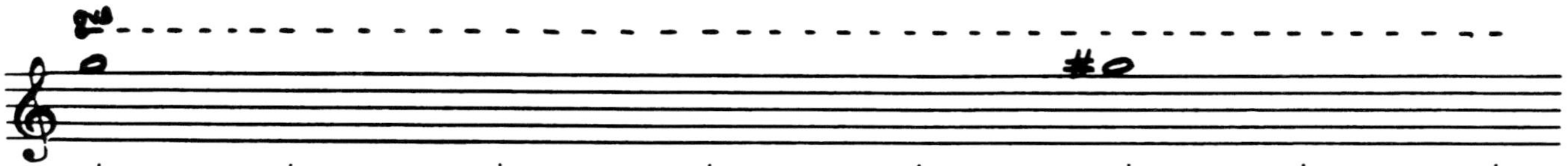

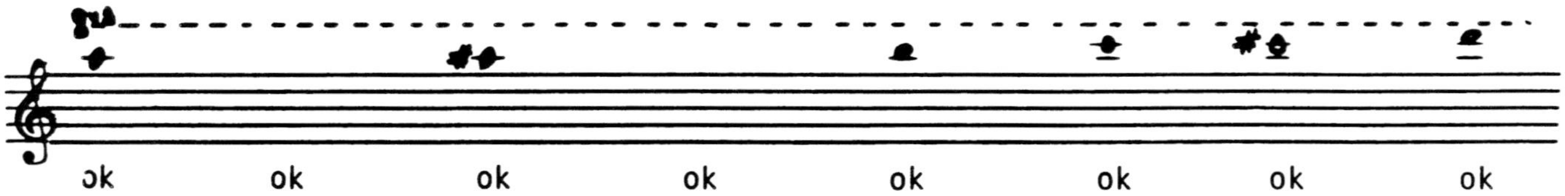

SOPRANO

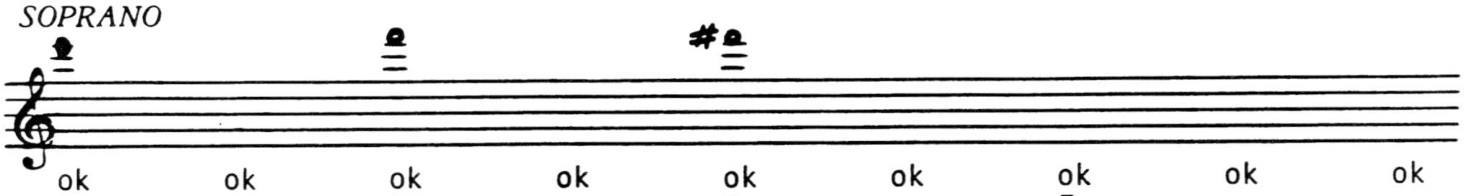

*Add G# if flat

The symbols and letters used in this chart are explained on page 6.

ALTO

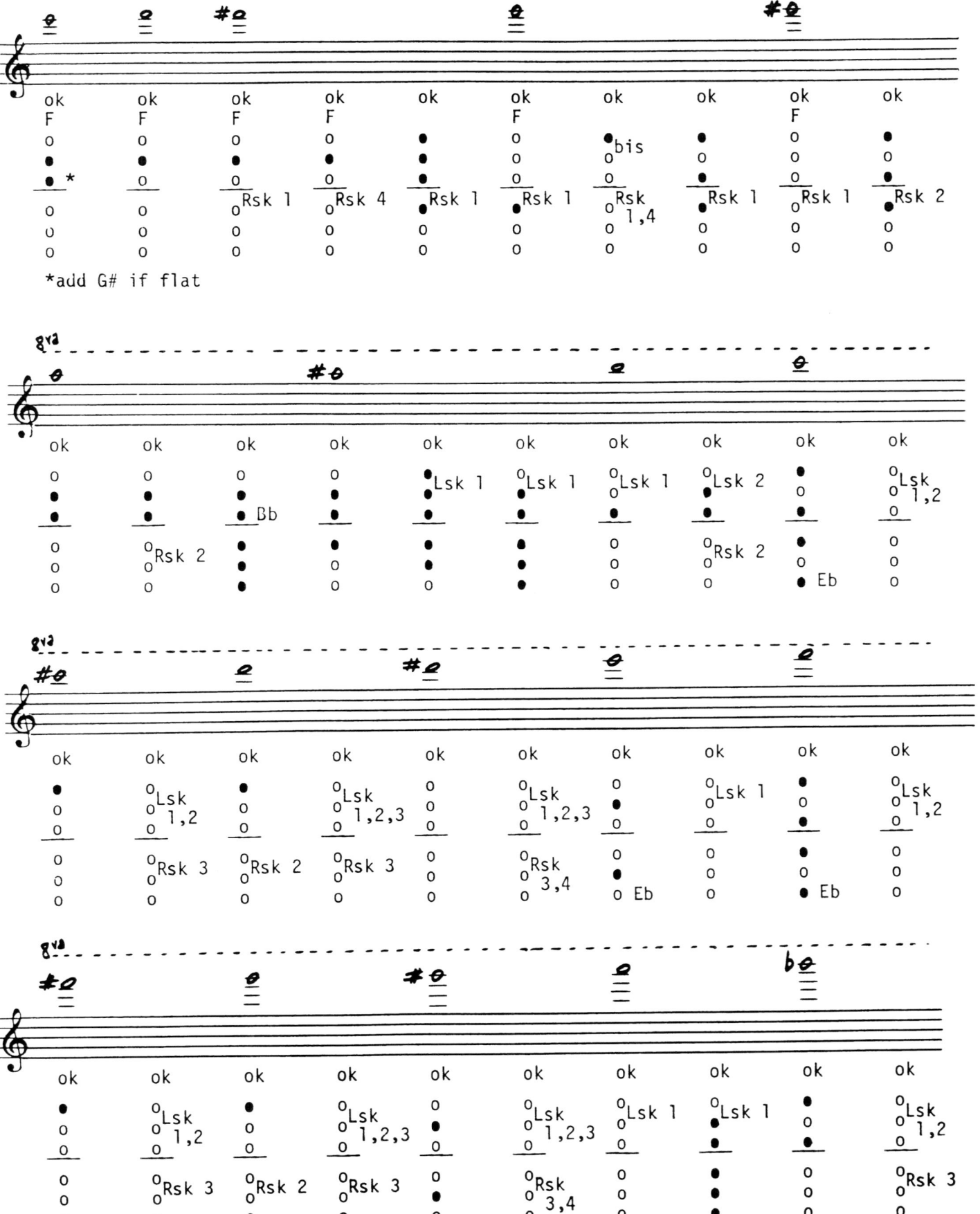

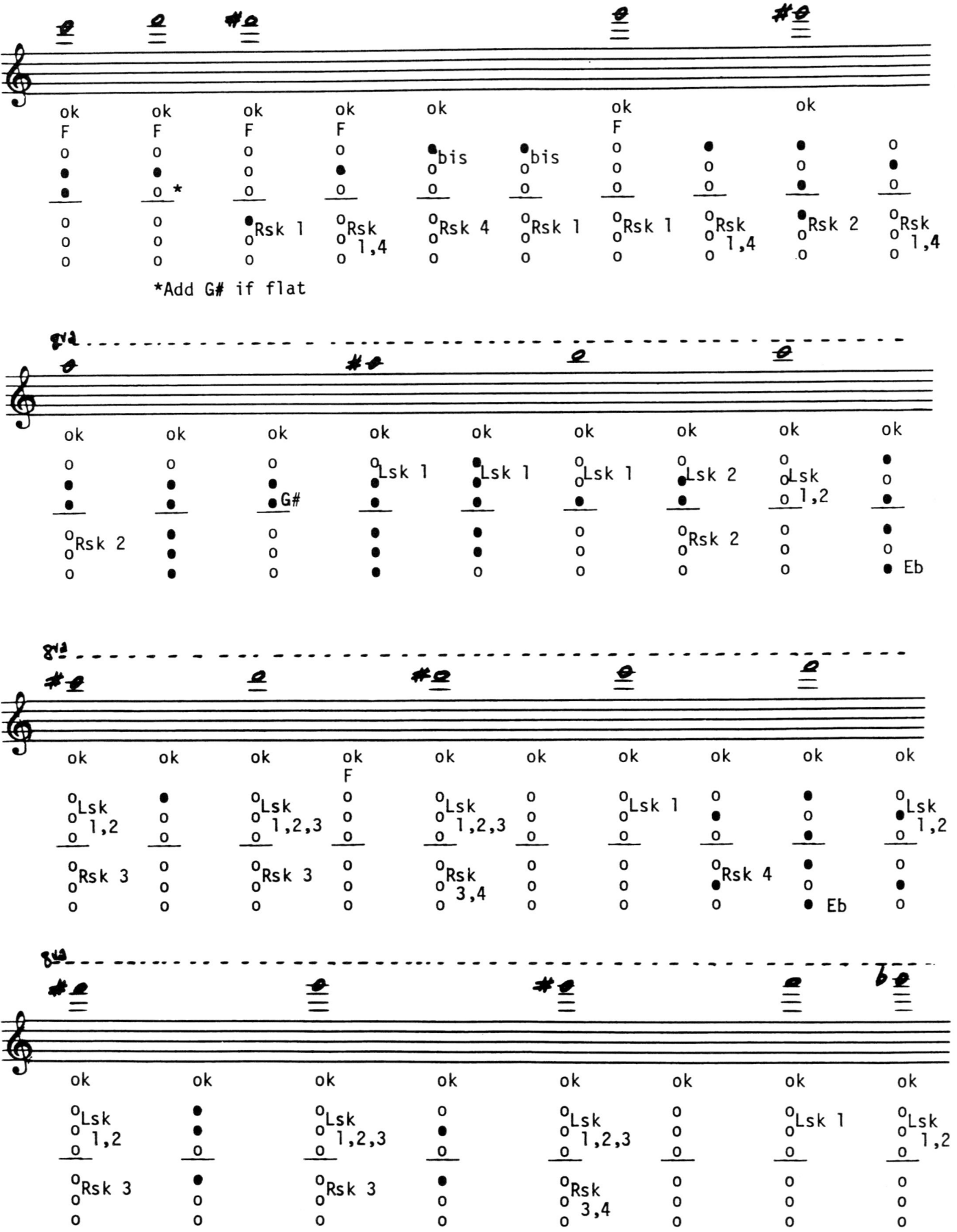

BARITONE

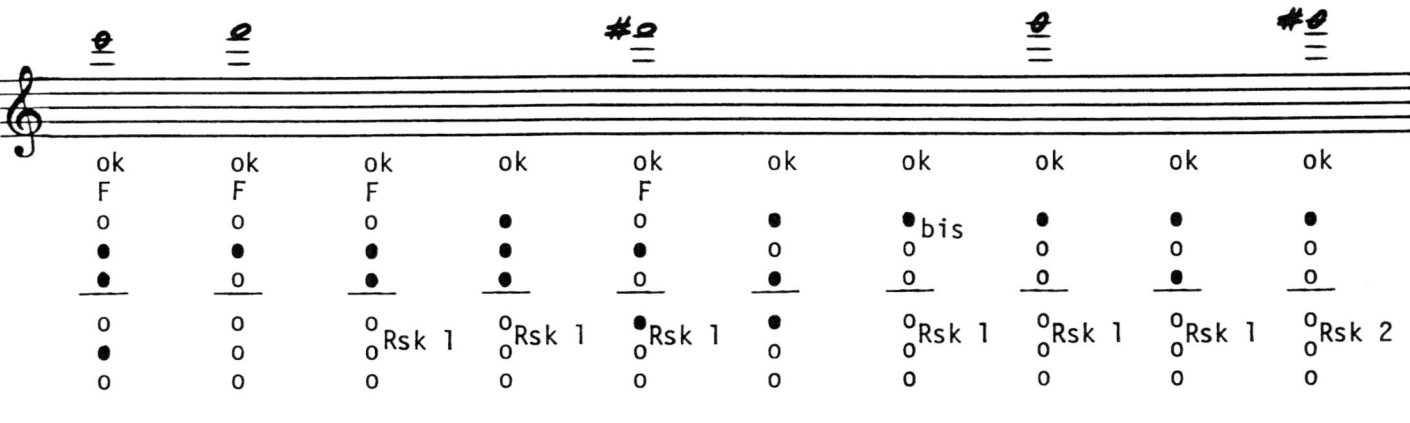

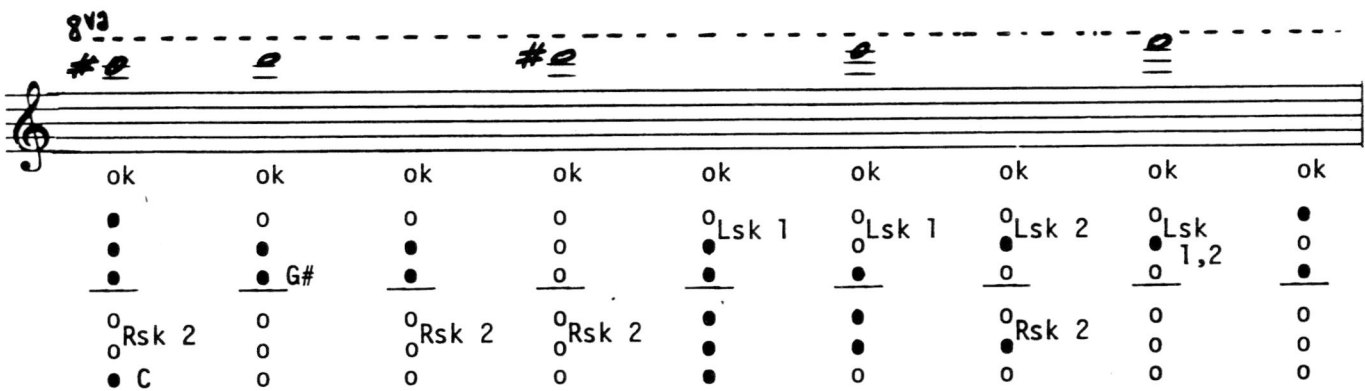

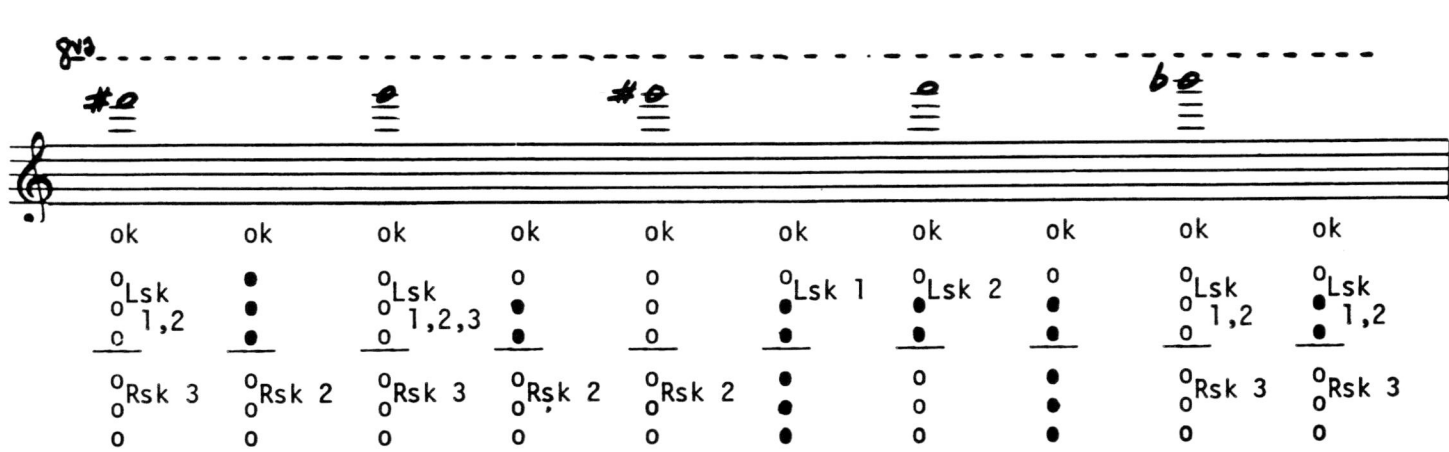

CHROMATIC SCALES

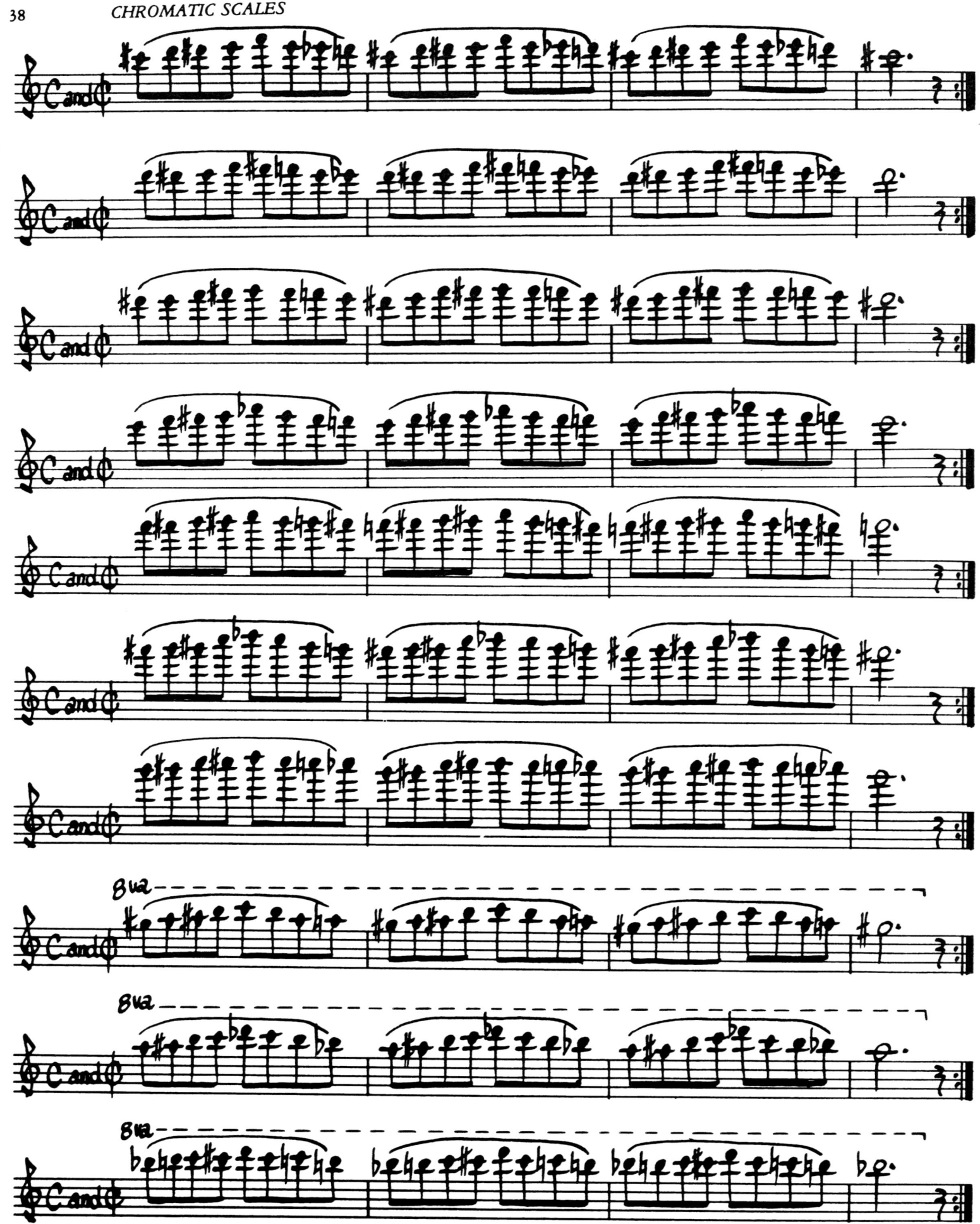

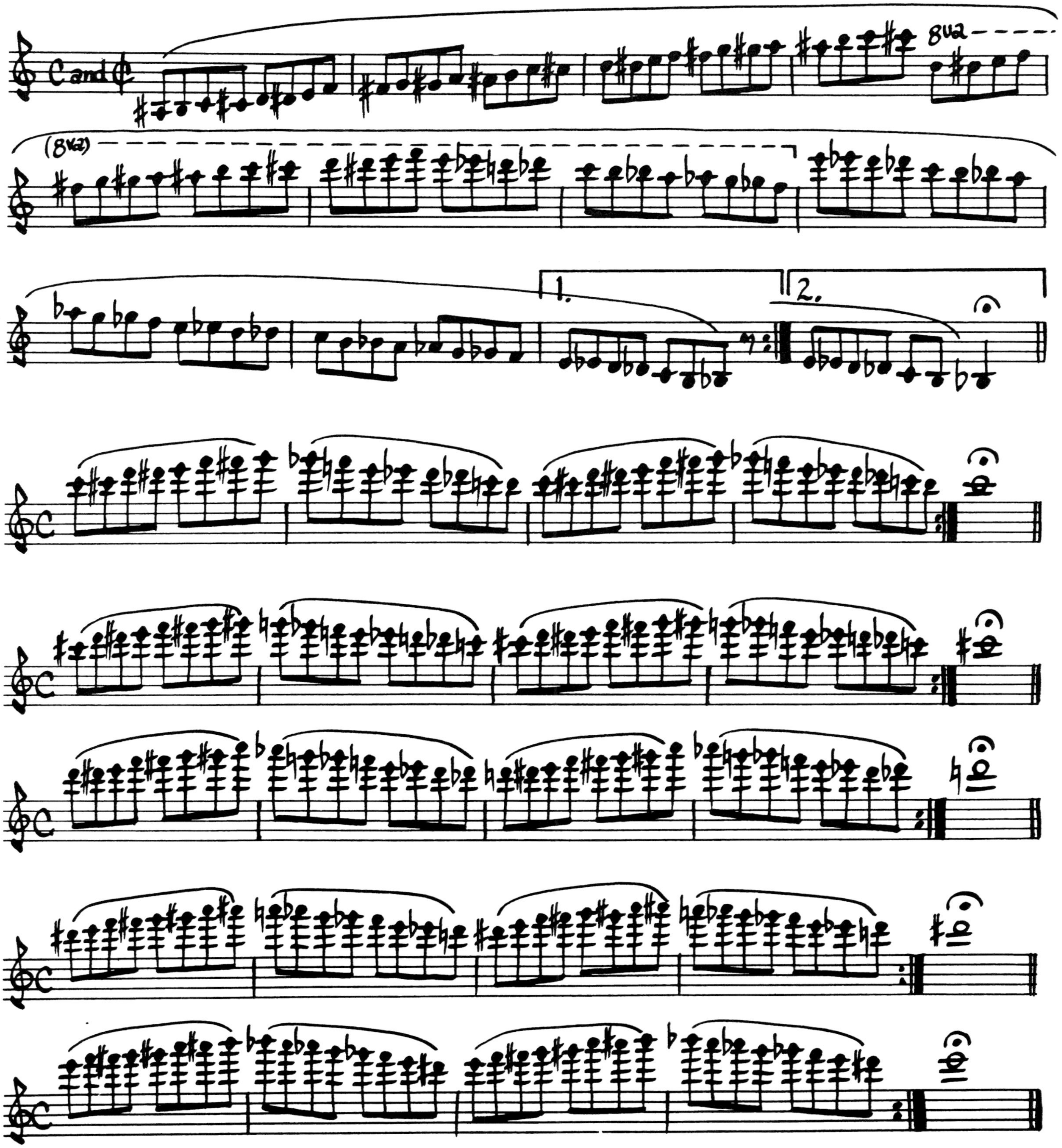

MAJOR SCALES: ONE OCTAVE

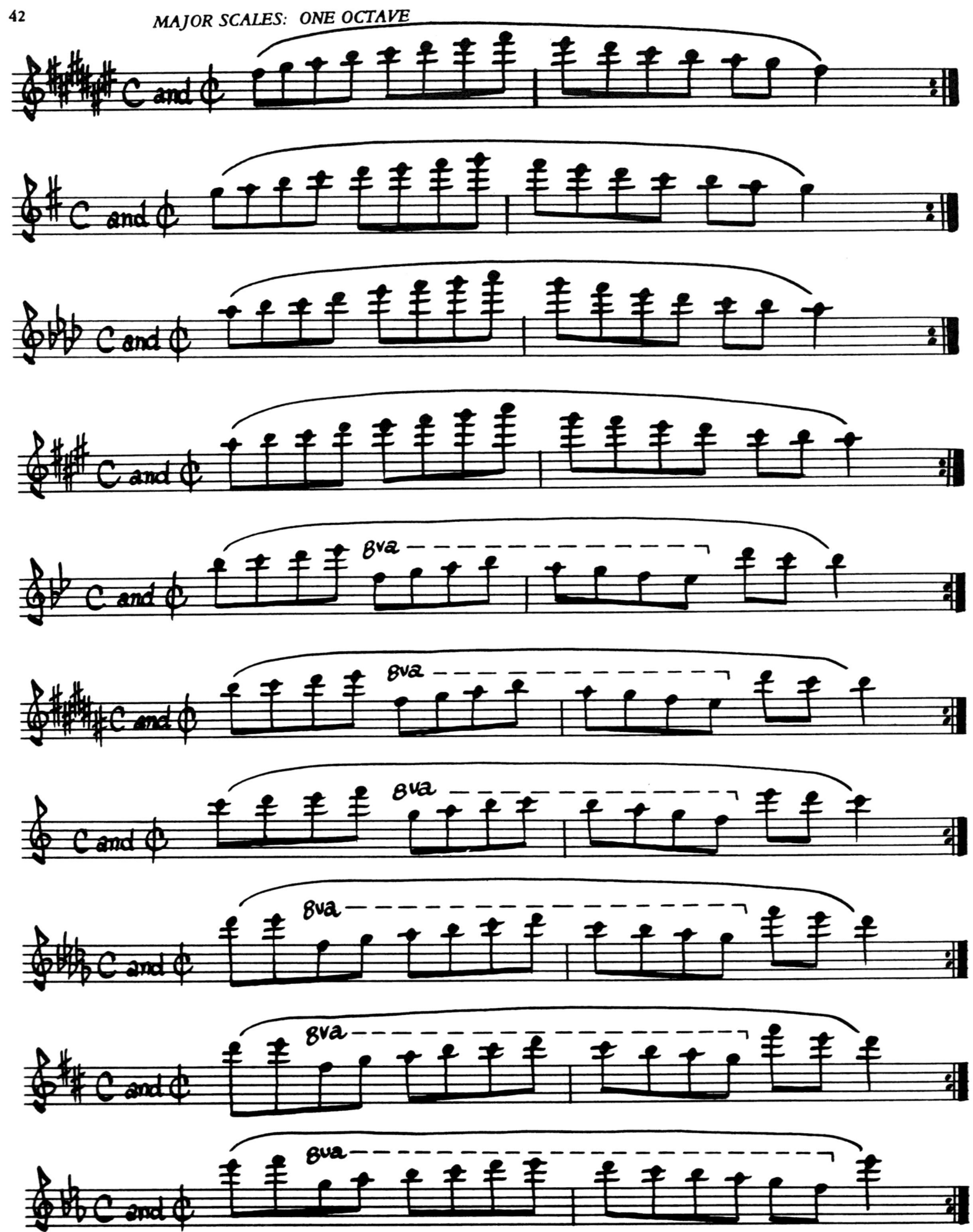

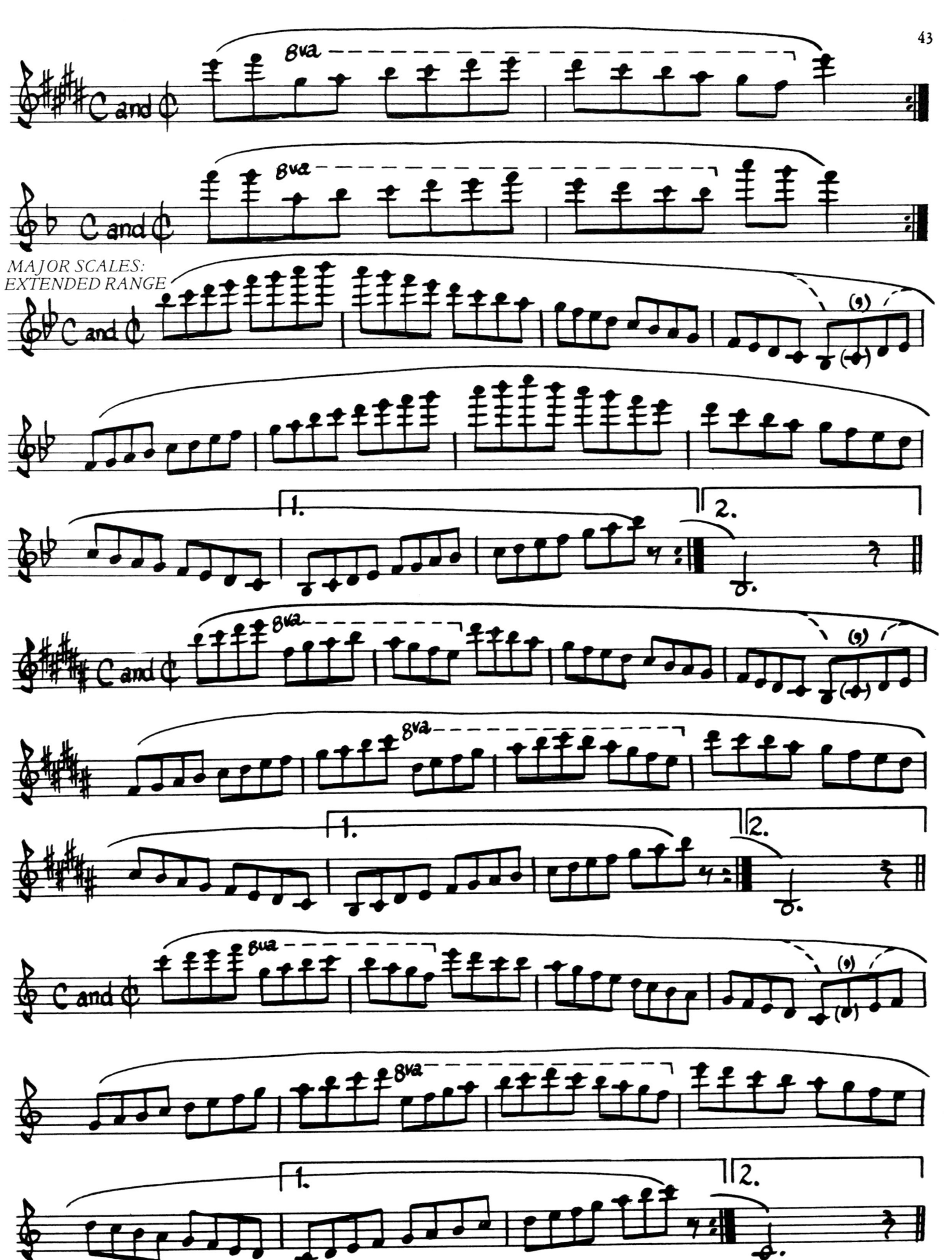

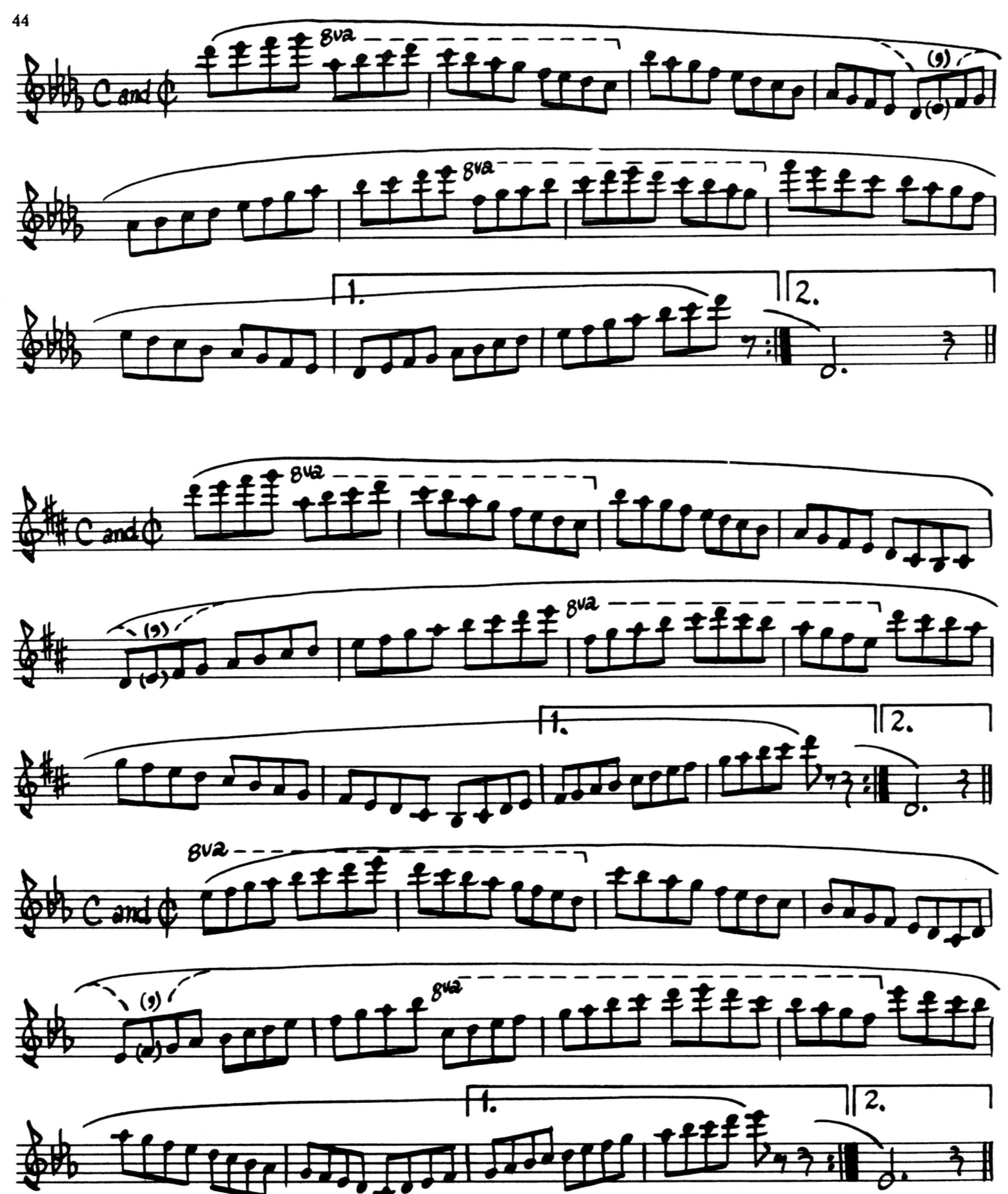

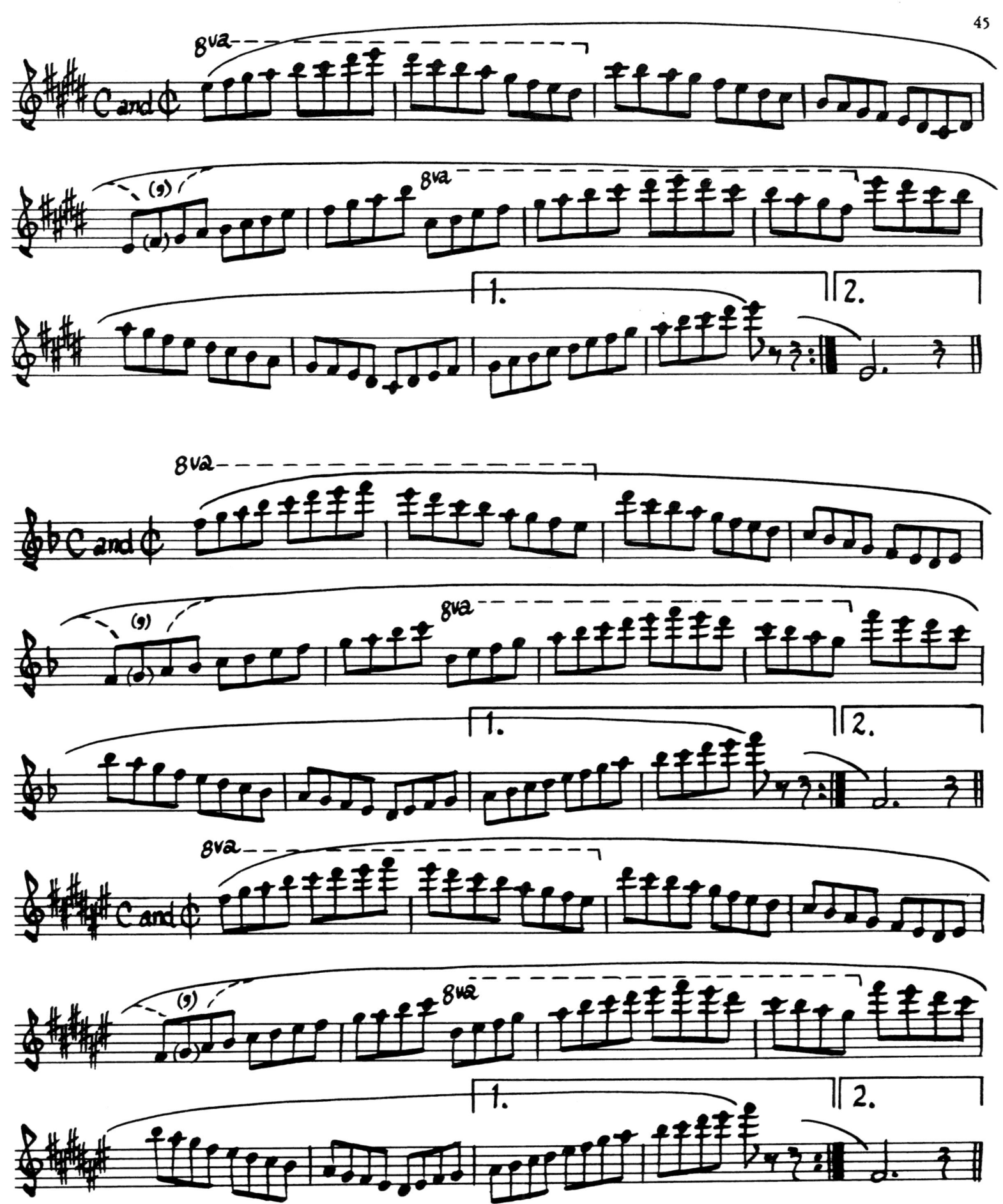

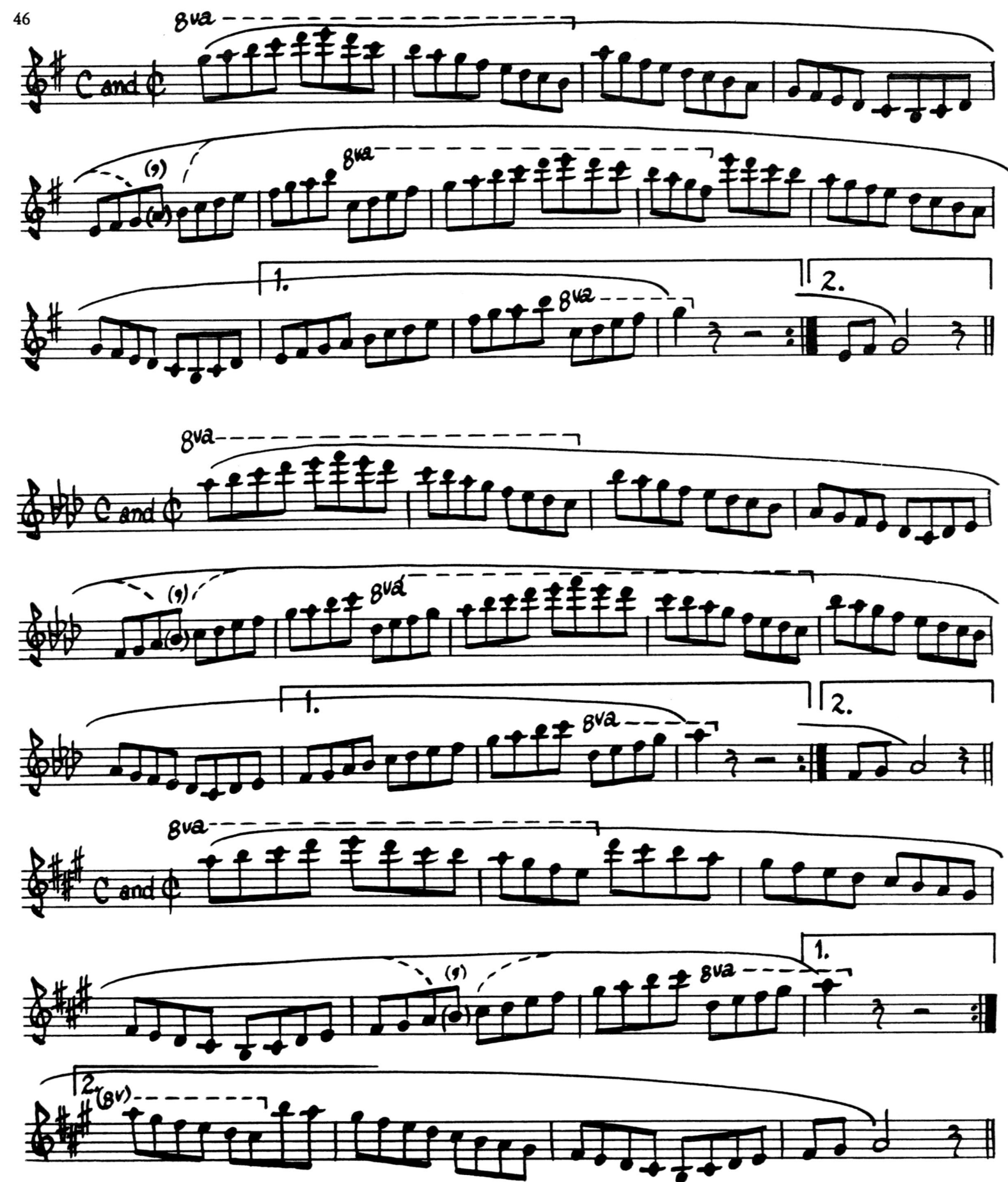

MAJOR ARPEGGIOS

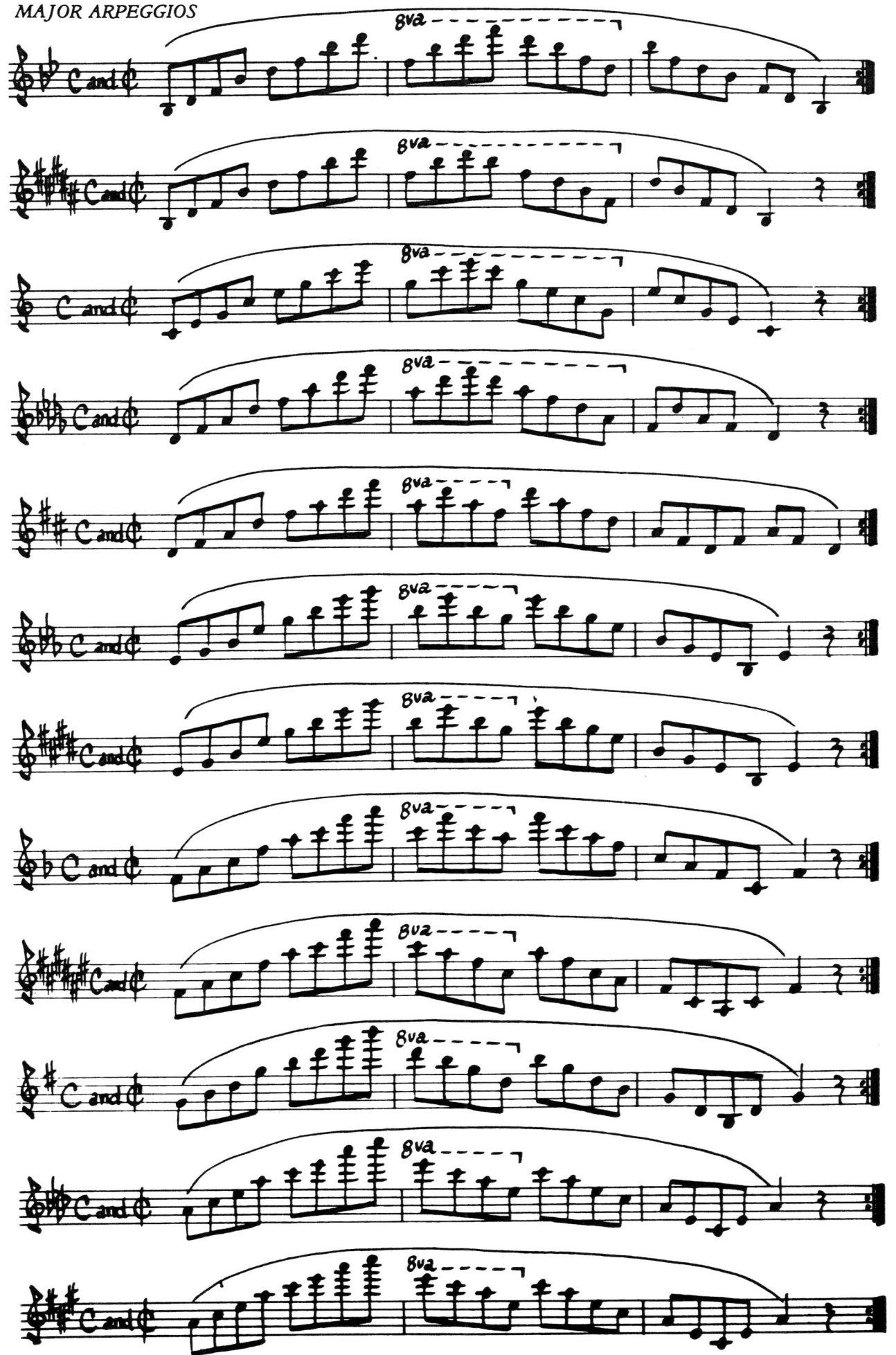

MINOR SCALES, HARMONIC: ONE OCTAVE

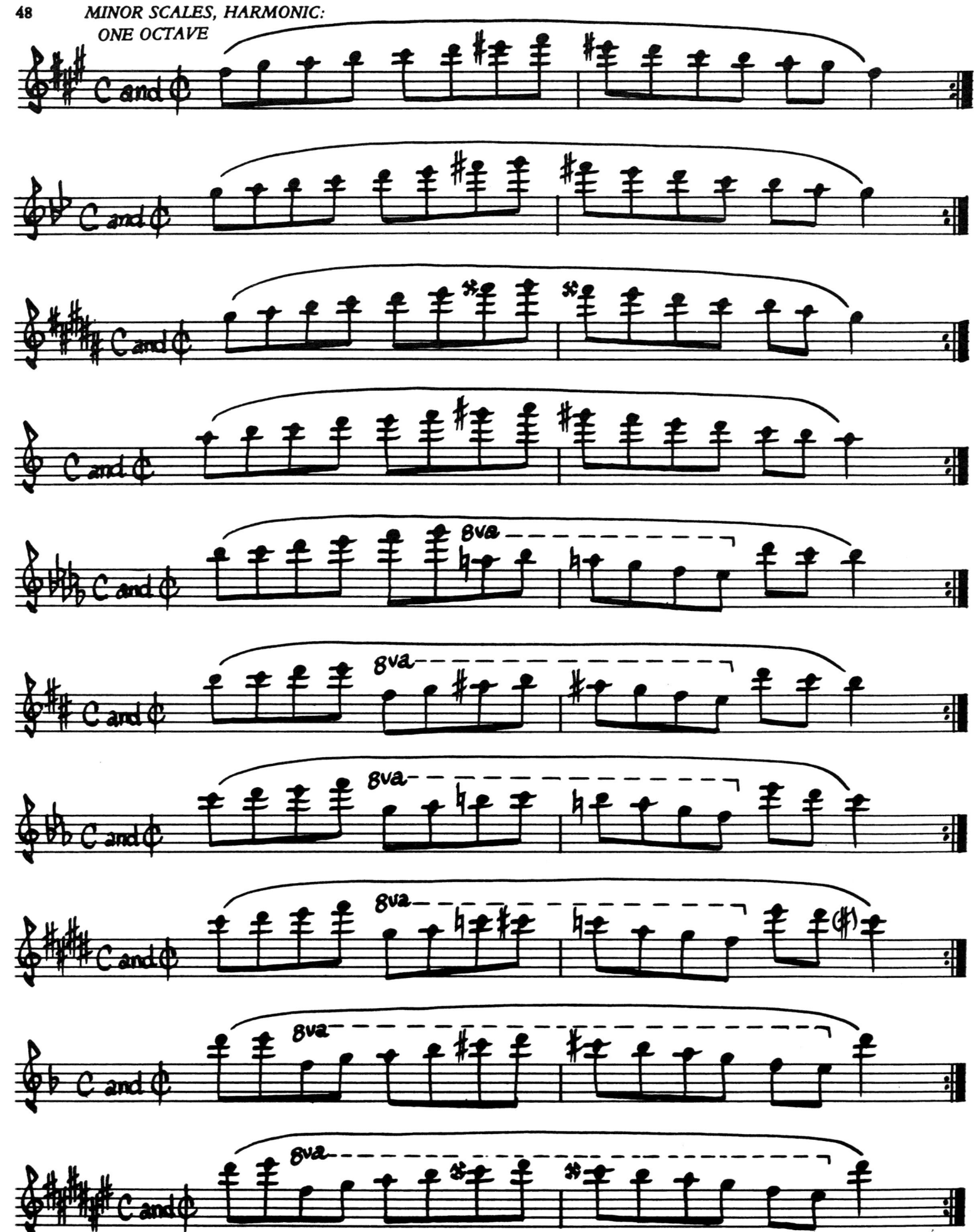

MINOR SCALES, HARMONIC: EXTENDED RANGE

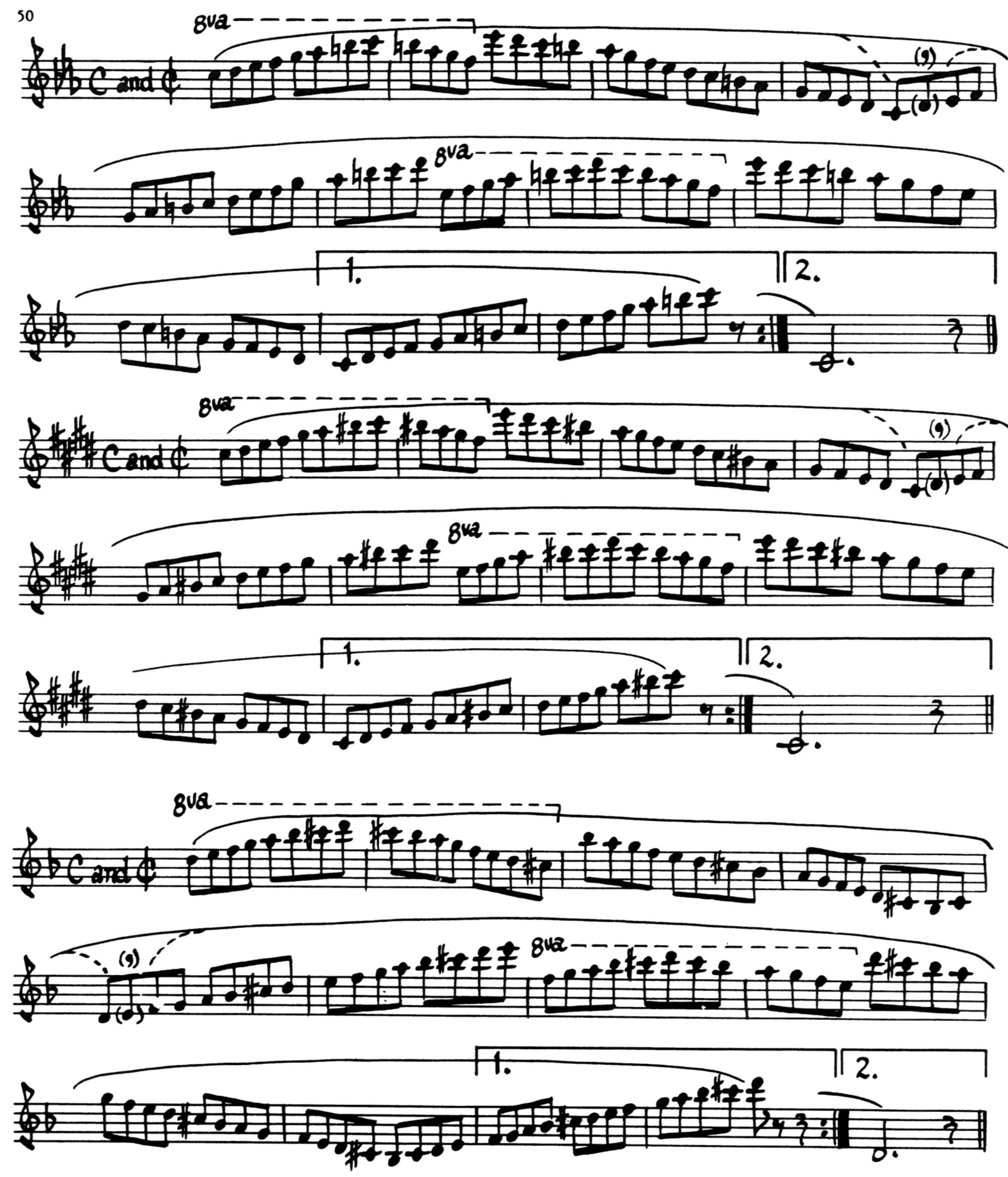

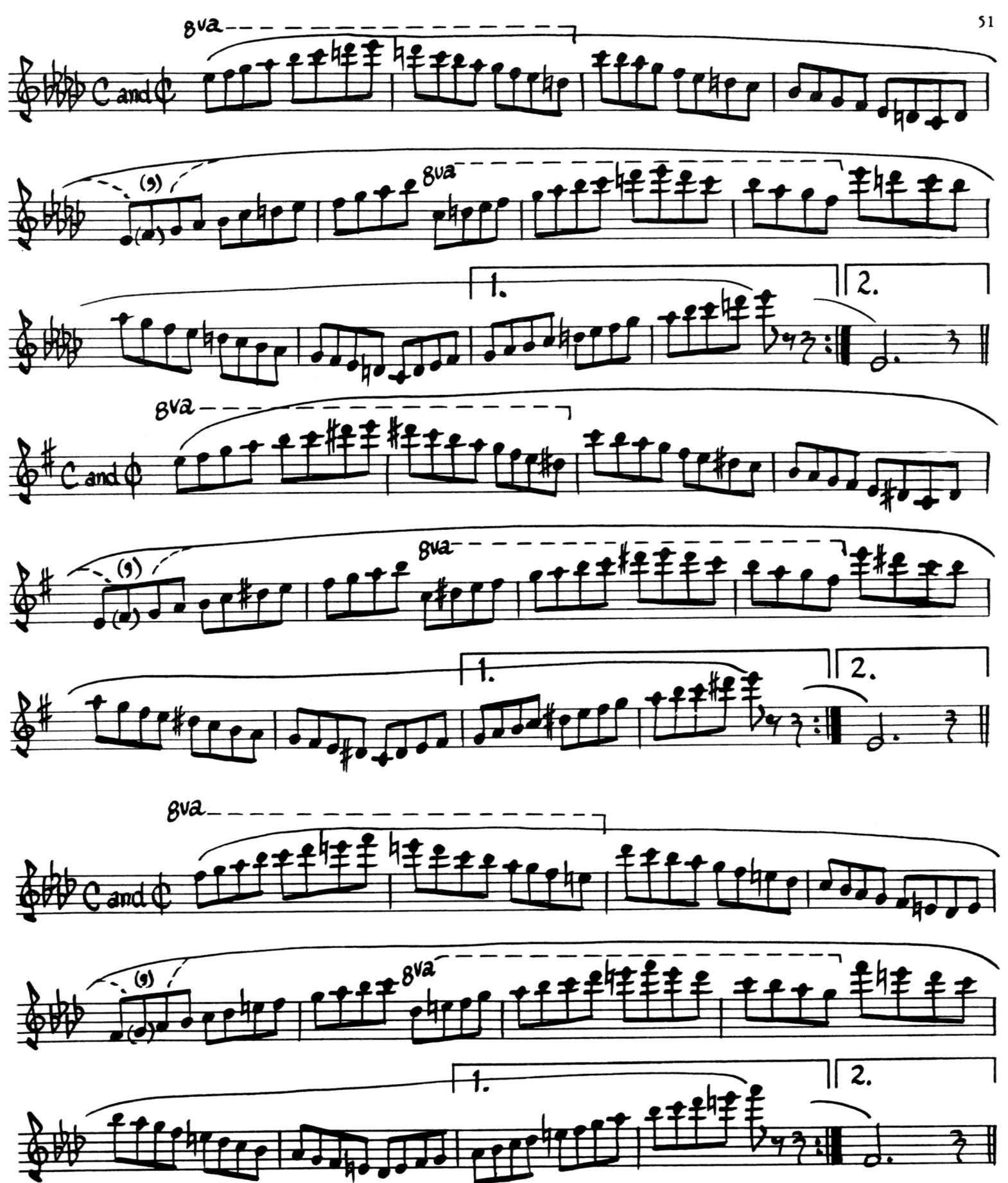

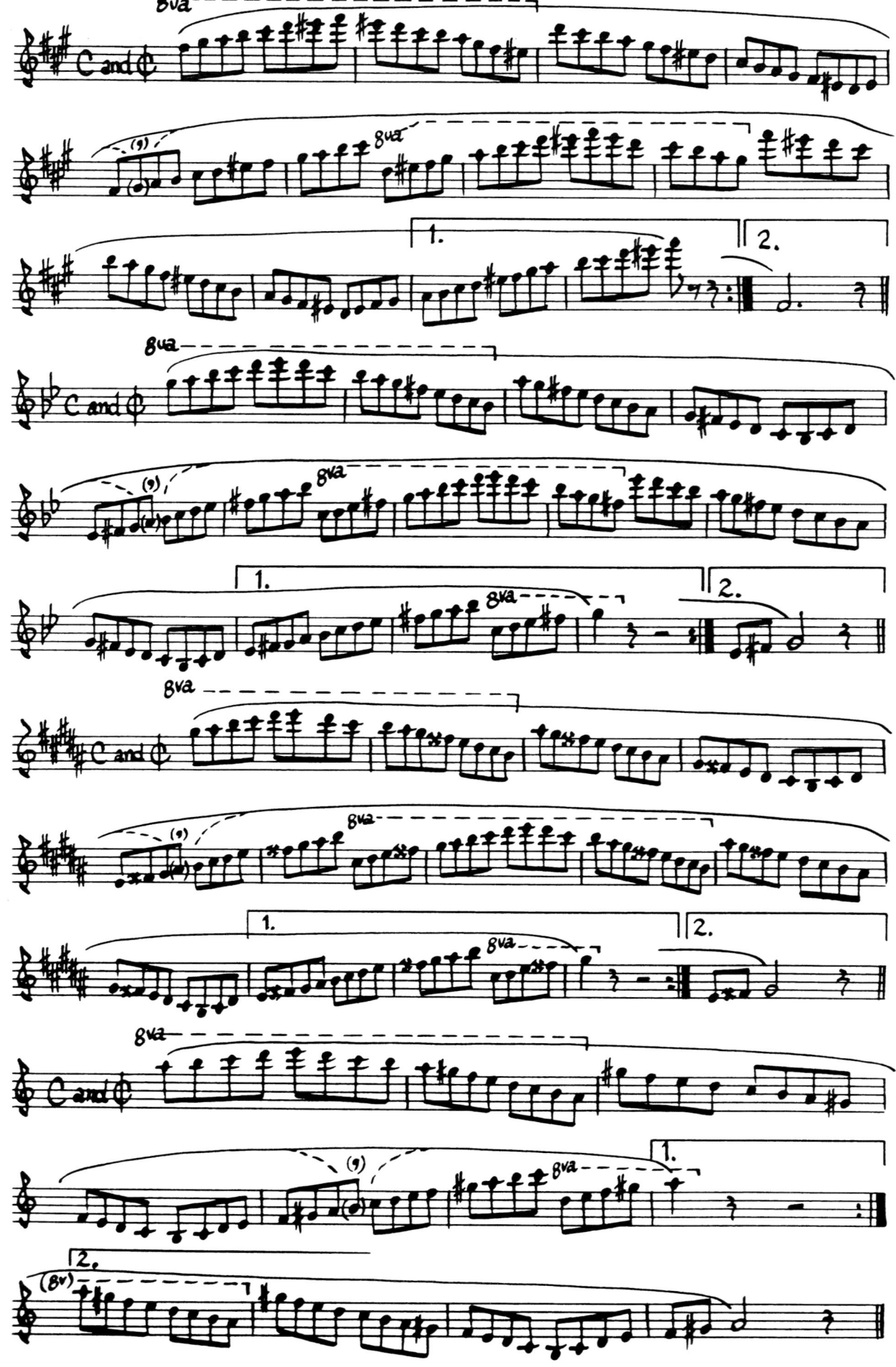

MINOR ARPEGGIOS

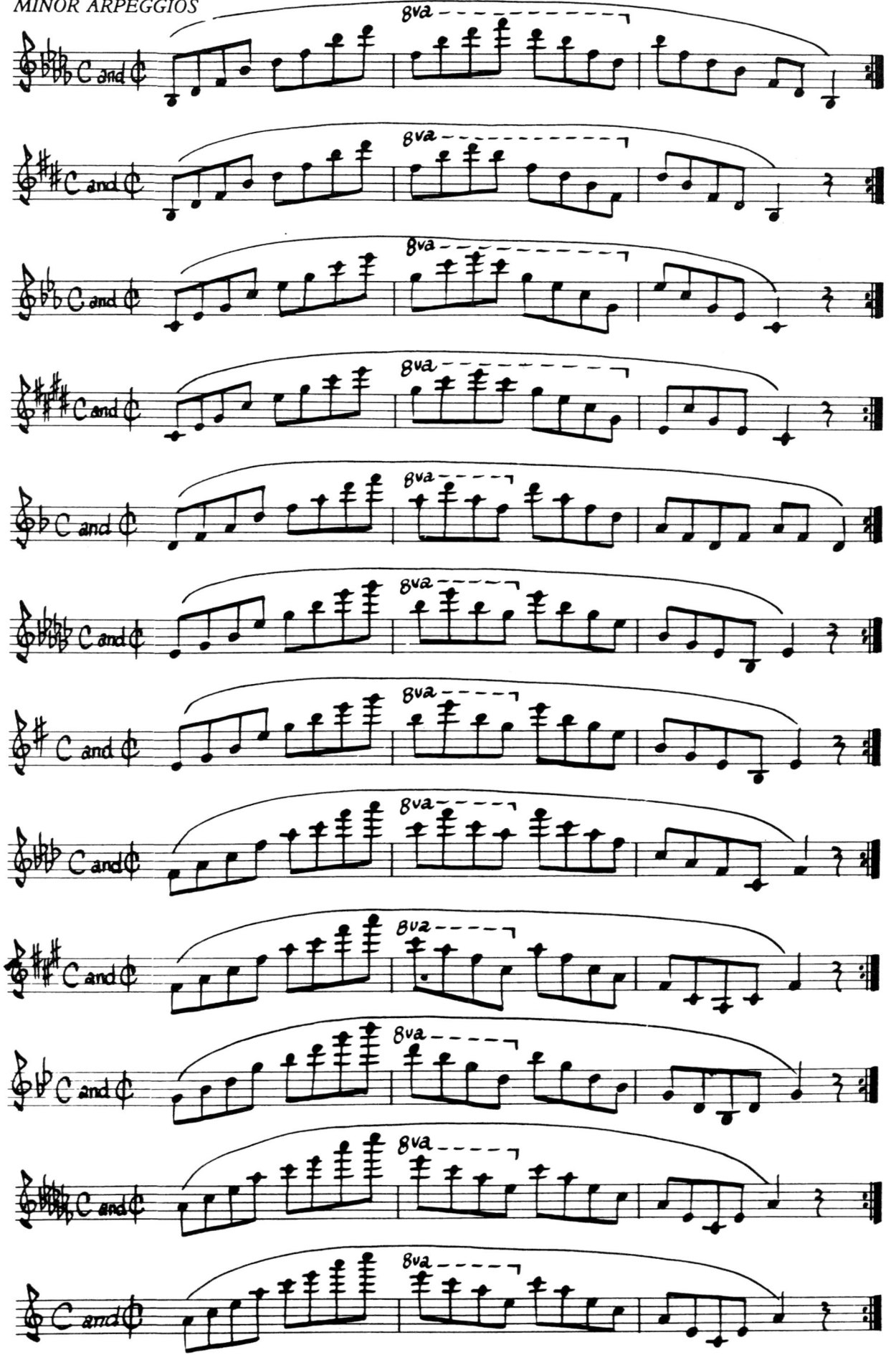

54 MINOR SCALES, MELODIC: ONE OCTAVE

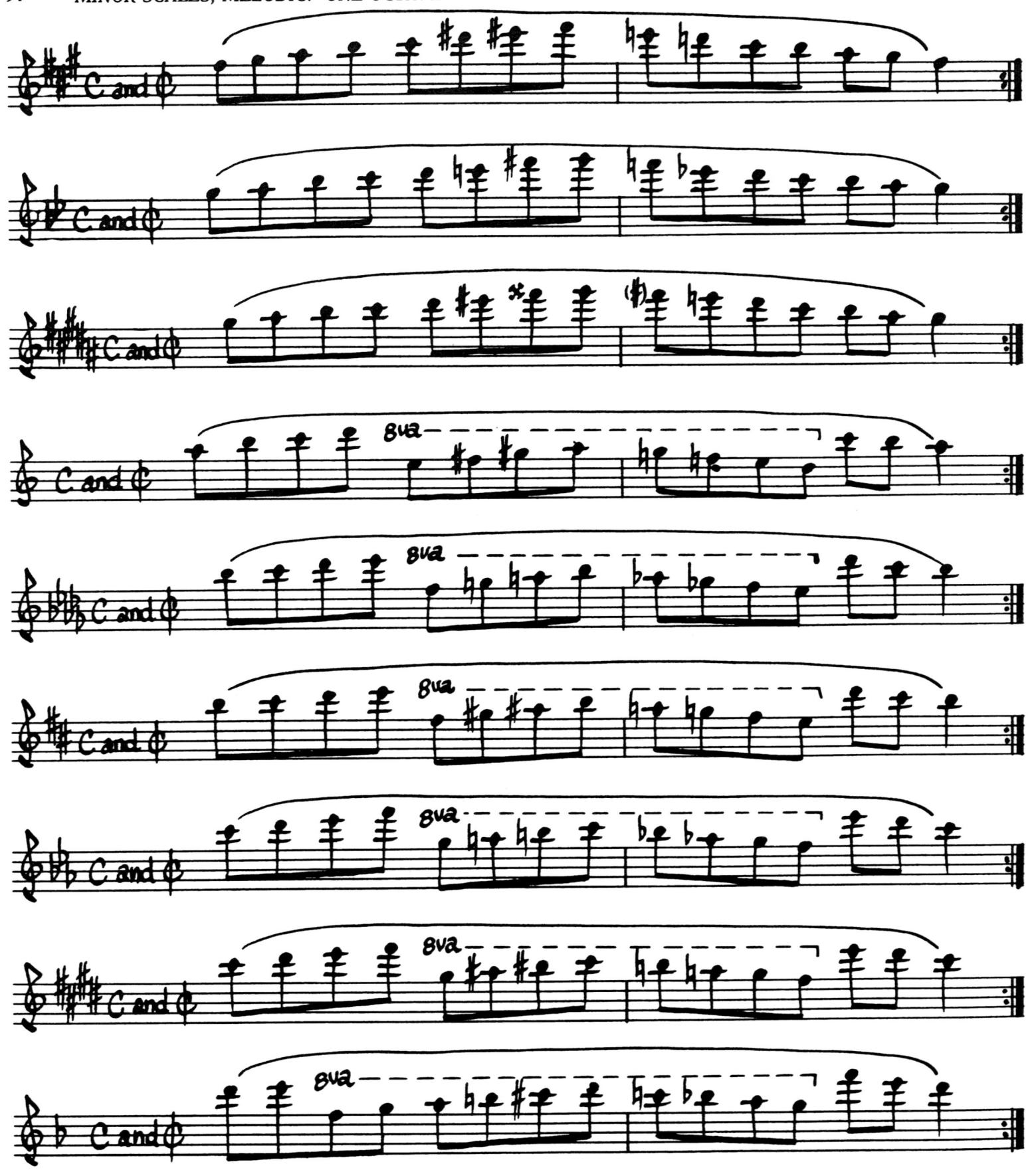

MINOR SCALES, MELODIC: EXTENDED RANGE

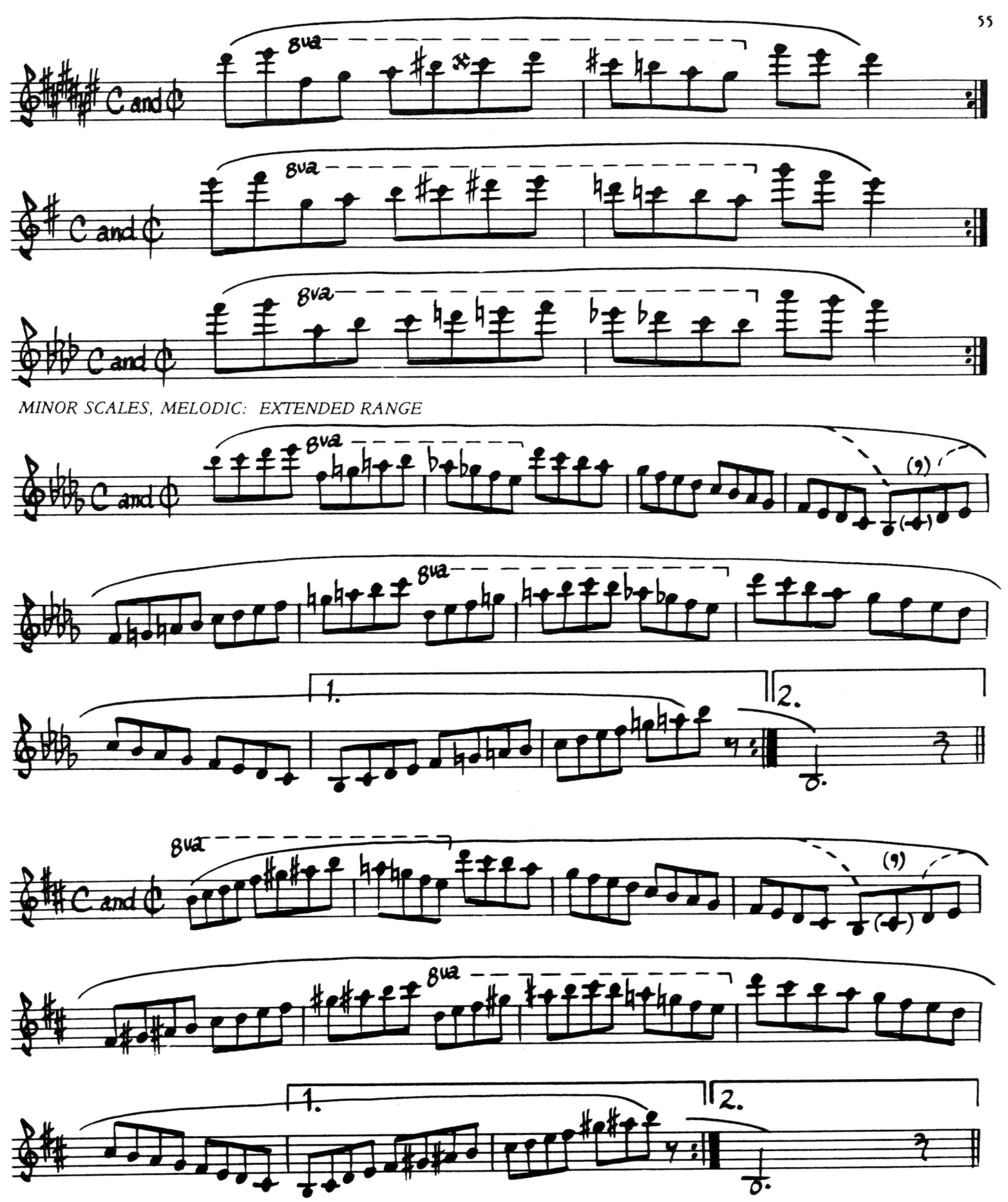

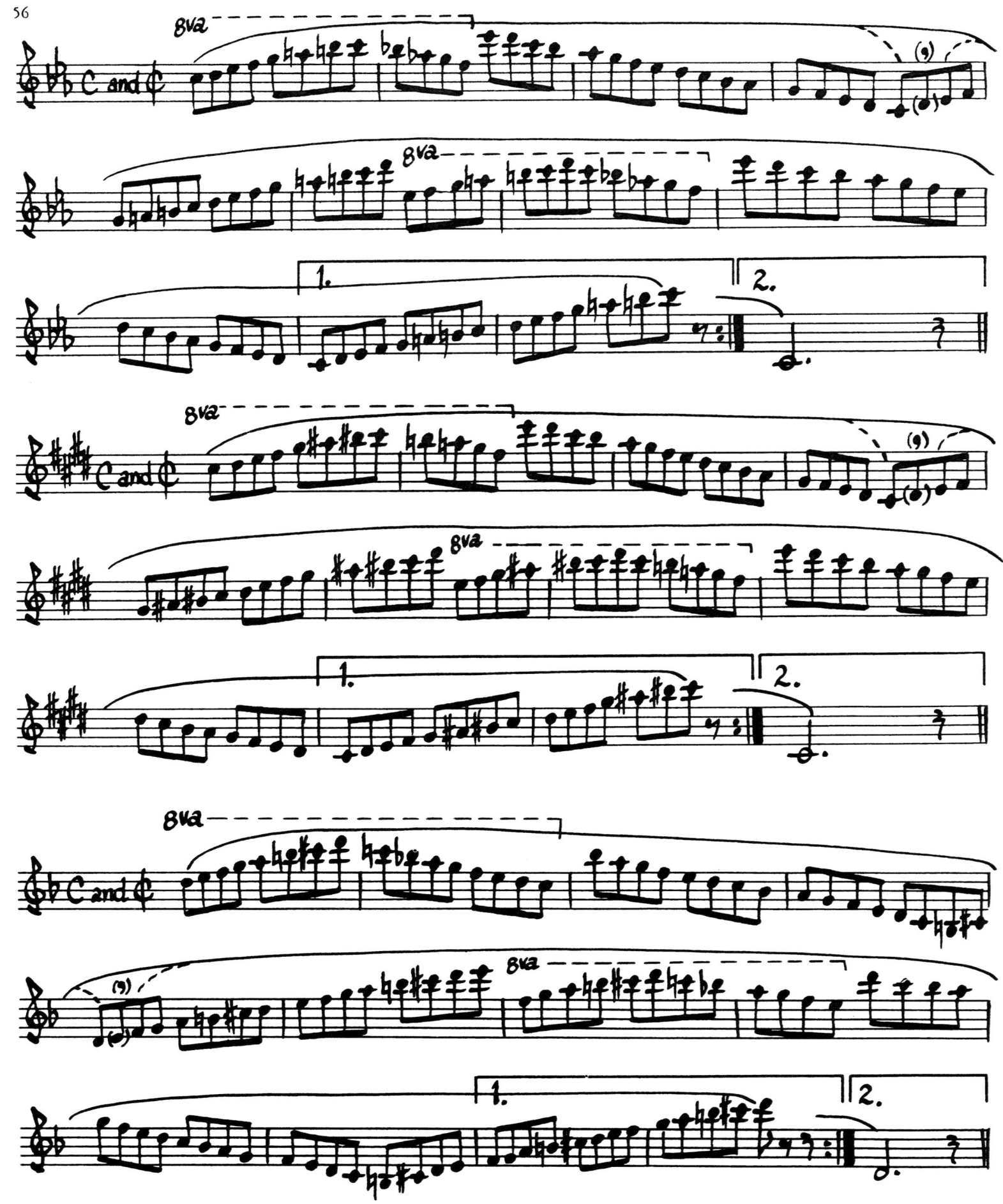

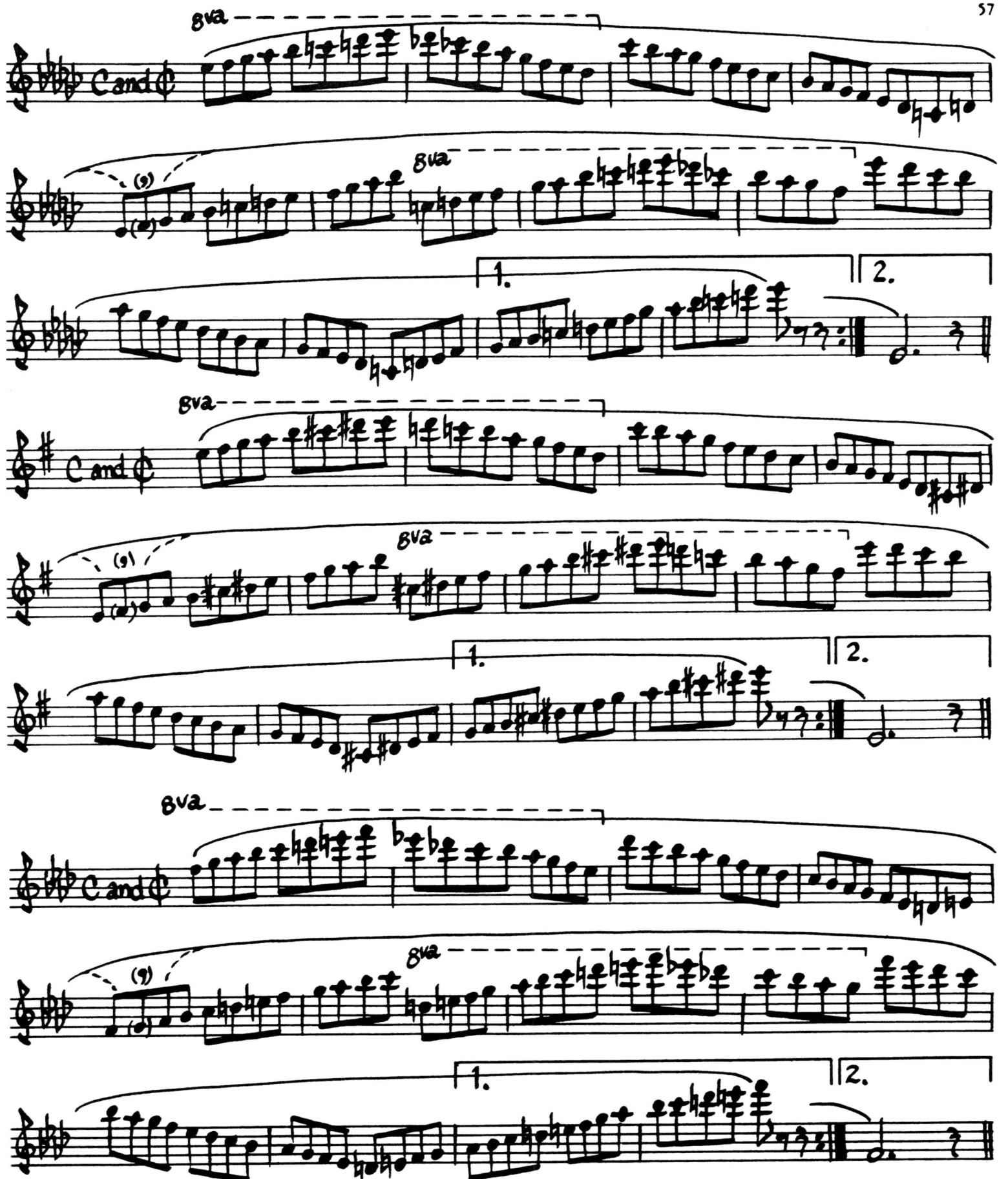

57

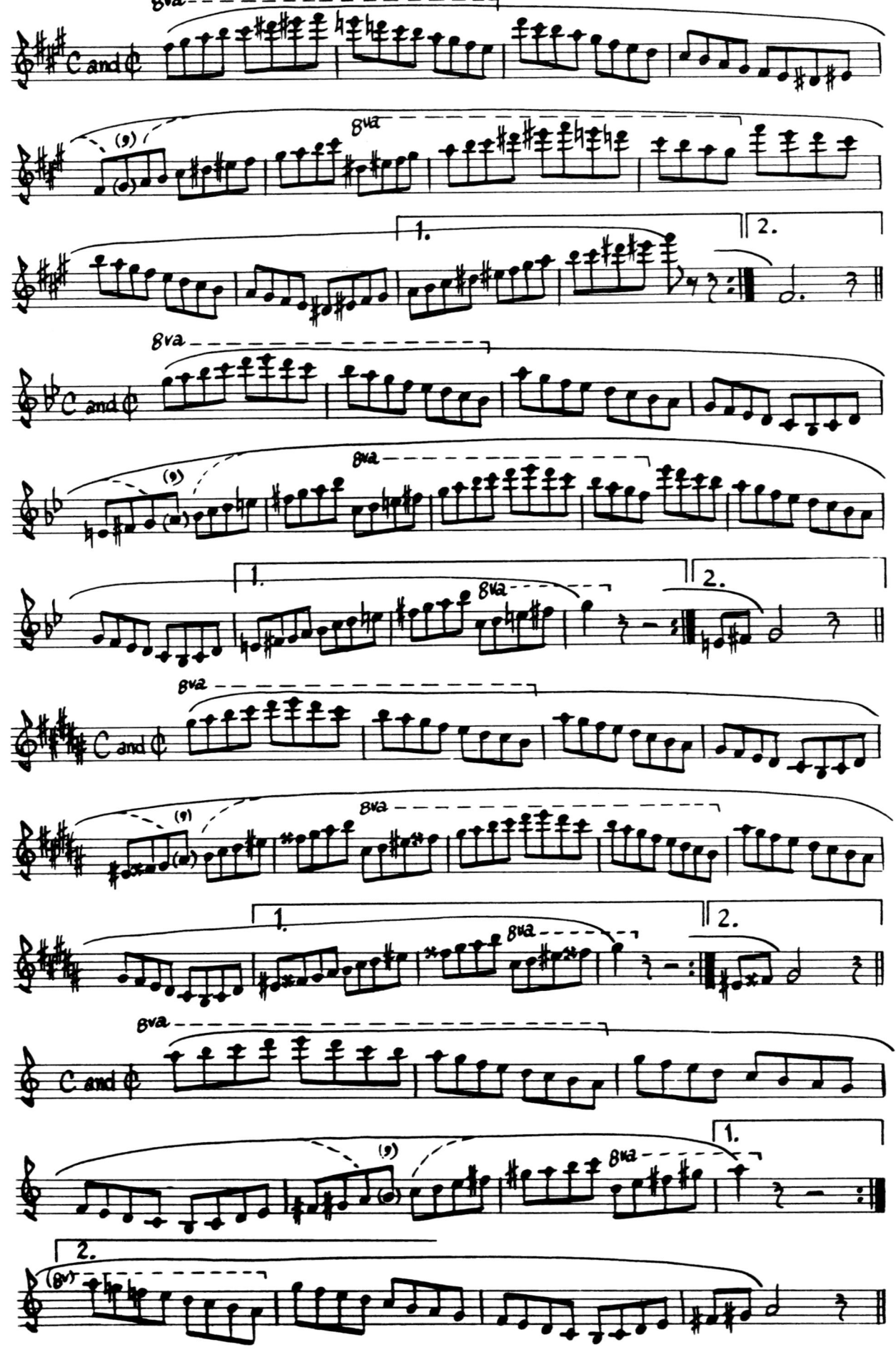

WHOLE-TONE SCALES

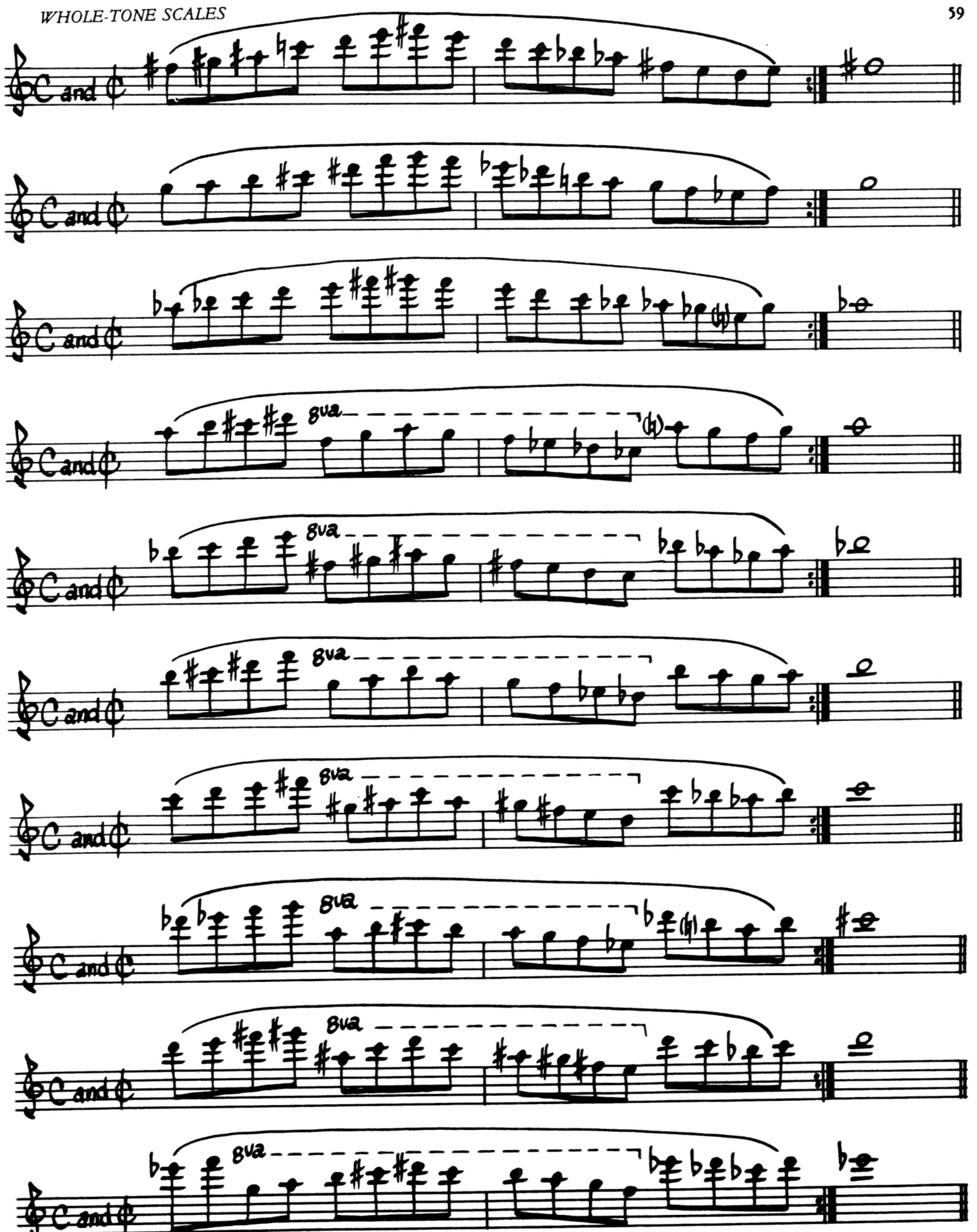

DIMINISHED SCALES

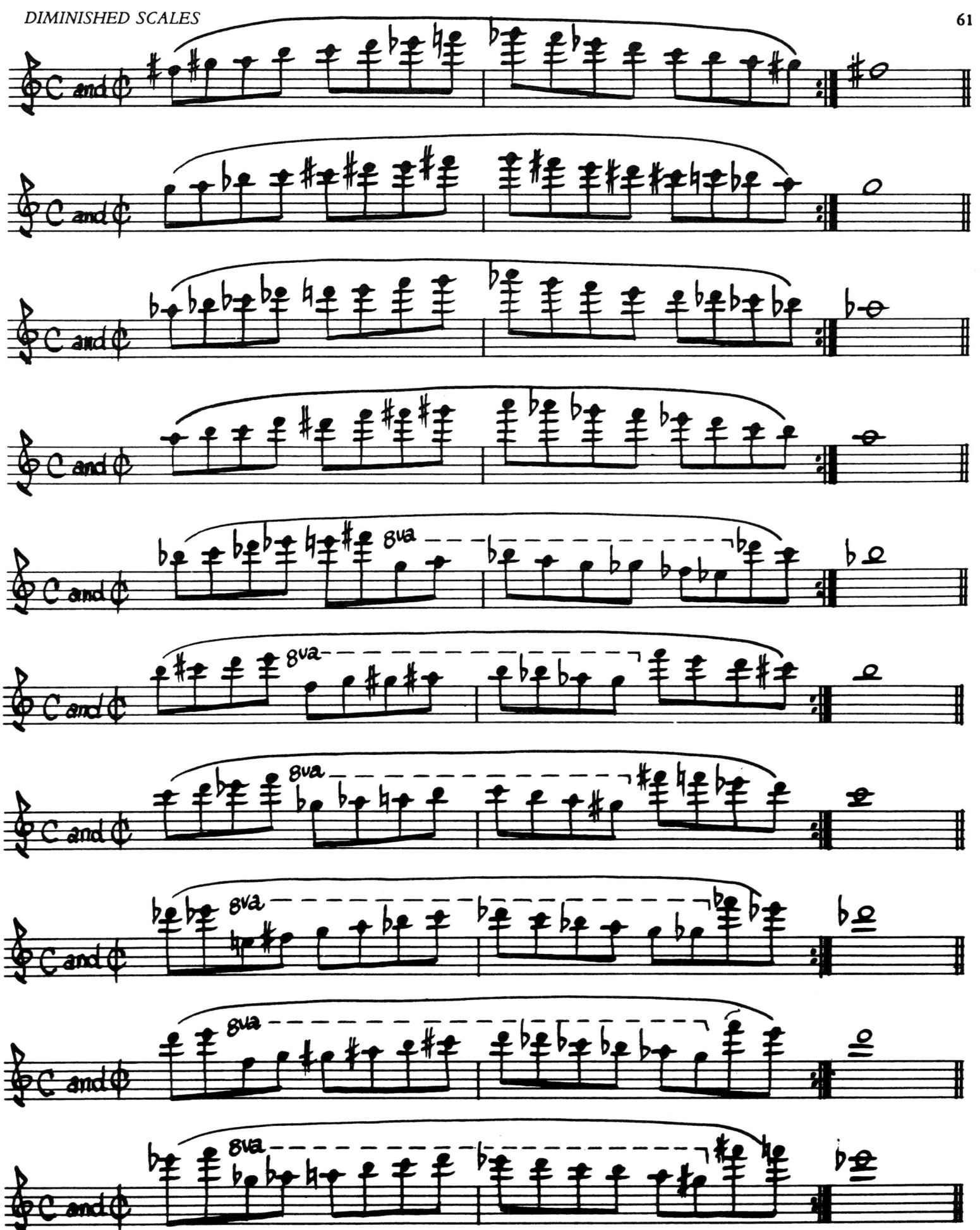

DIMINISHED ARPEGGIOS

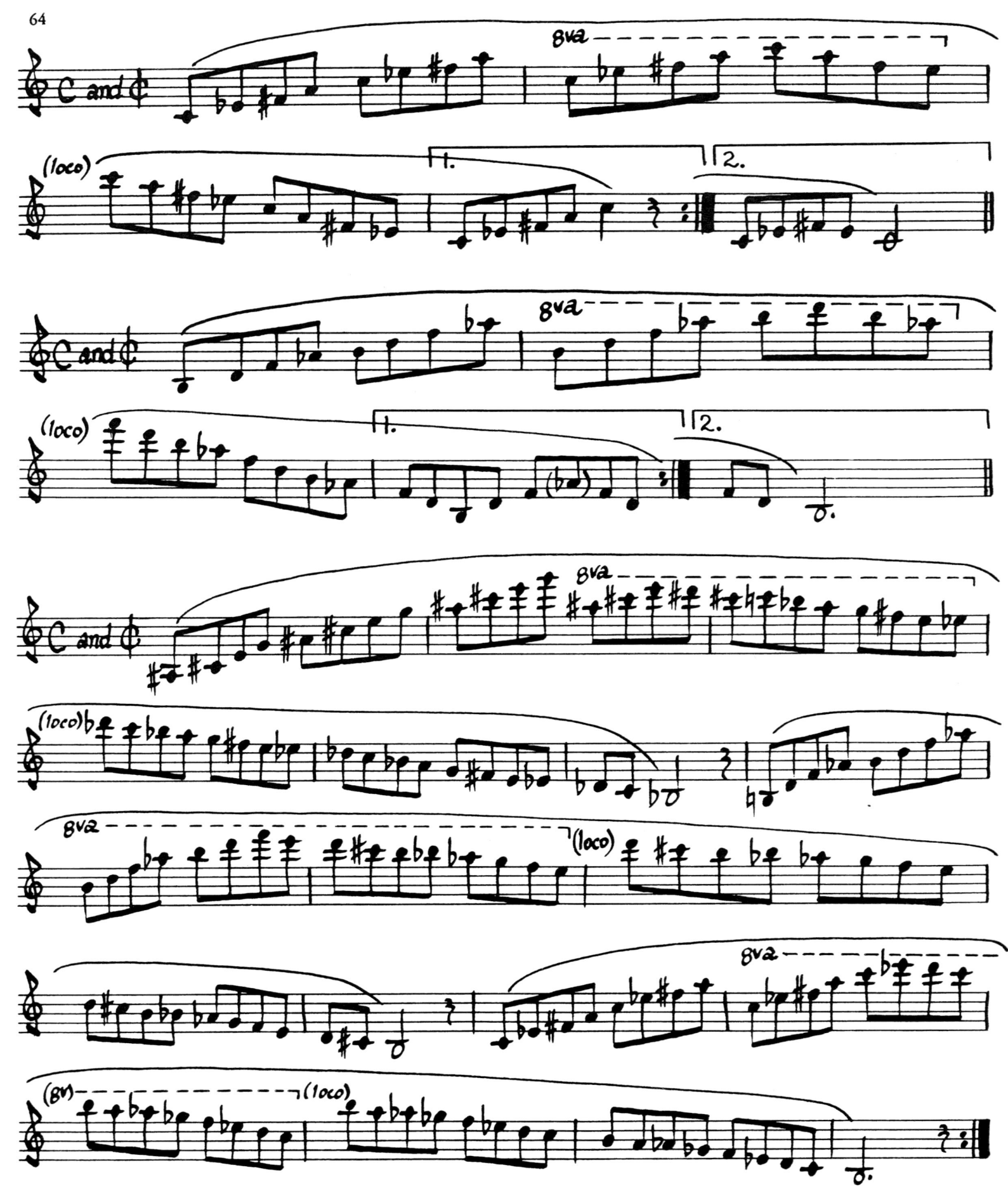

EXERCISES IN THIRDS

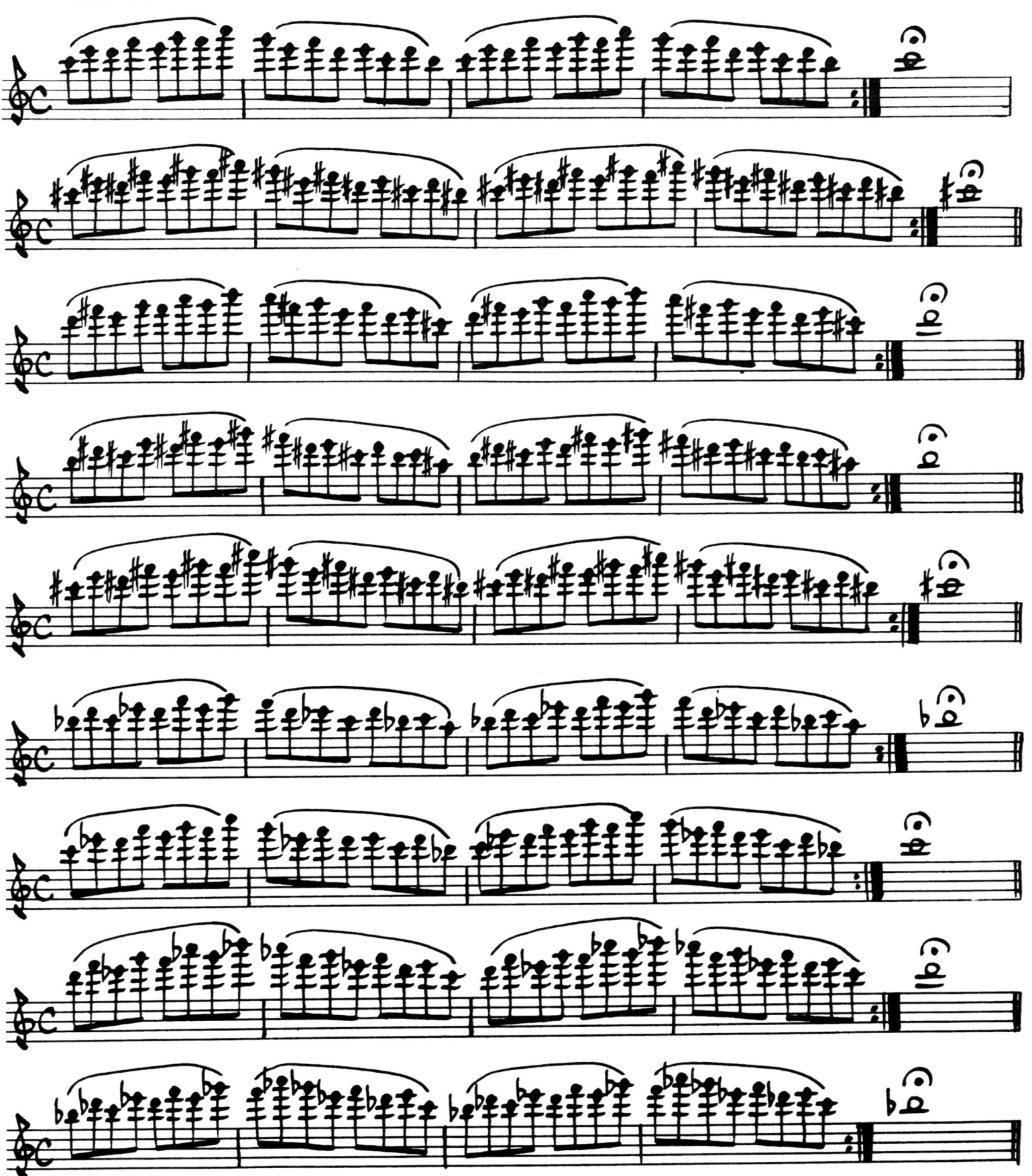

PENTATONIC SCALES

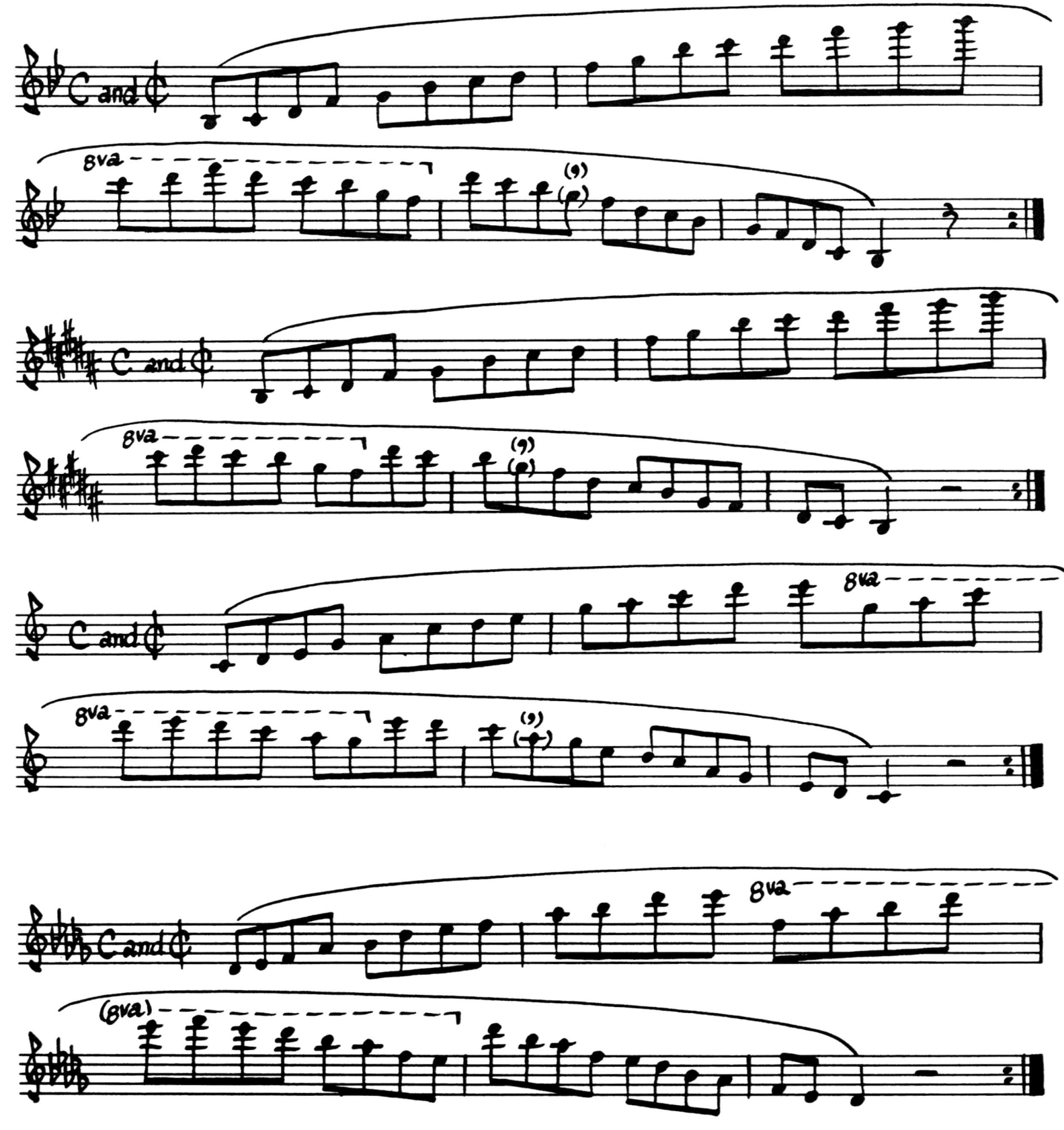

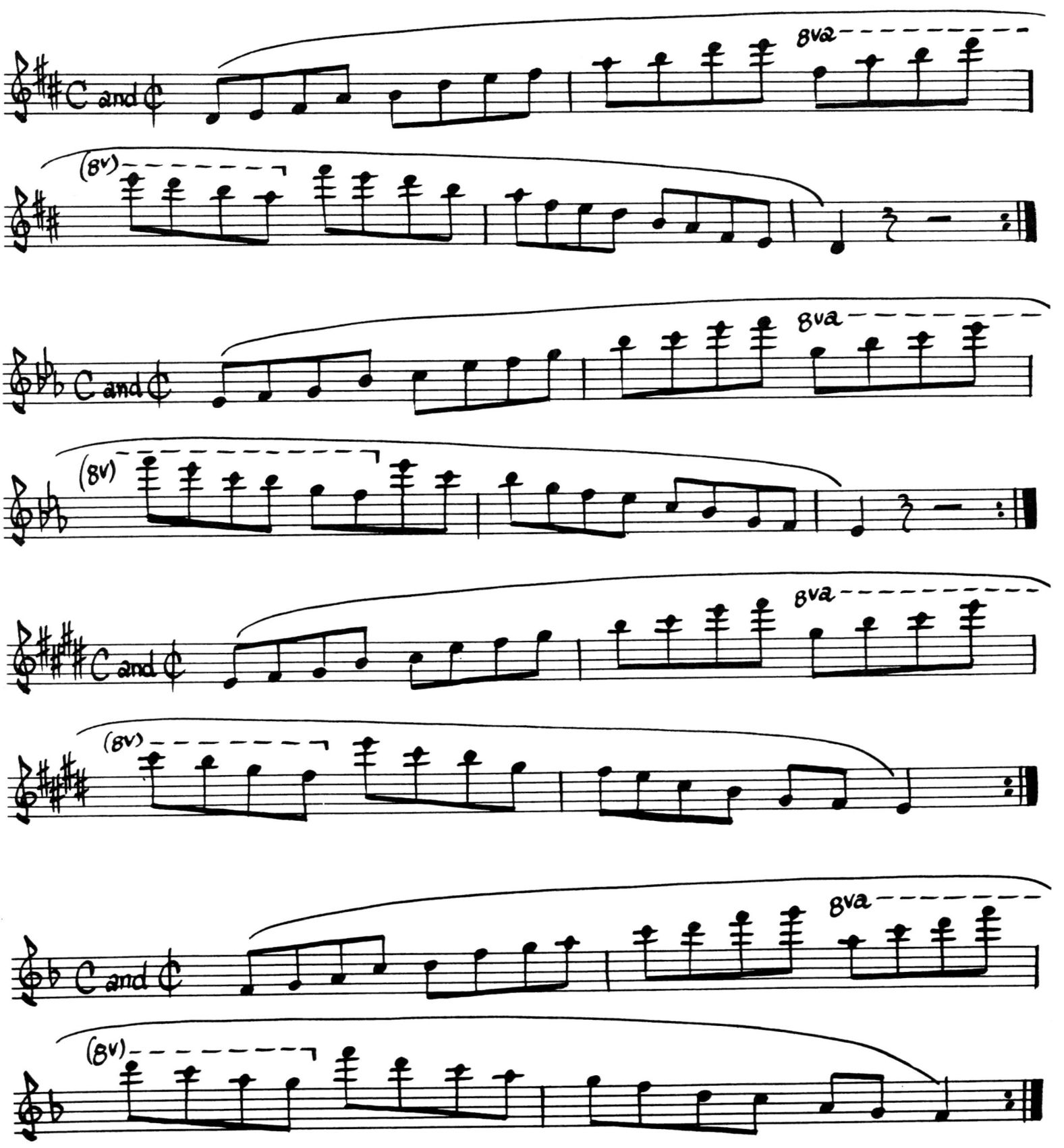

ARTIKULIERUNG HOHER TÖNE

Beim Blasen extrem hoher Töne wird durch die erhöhten Schwingungen des Rohrblattes proportional weniger Luft benötigt. Mit anderen Worten: Je höher man spielt desto dünner wird der benötigte Luftstrom. Dieser Tatbestand erklärt das ungewohnte Gefühl, das der Saxophonist beim erstmaligen Spielen hoher Töne im Munde verspürt. Es wird oft etwas irreführend mit "offener Hals" bezeichnet. Zunächst ist der Begriff "offener Hals" für jeden Bläzer eine reichlich verschwommene Terminologie. Er bezieht sich auf einen Vorgang im Inneren des Mundes und Halses, den man nicht sichtbar machen kann. Selbst die neuesten Erkenntnisse der Fluoroskopie und die vielfachen Überlegungen in Bezug auf Zungenstellung und Rachenöffnung etc. müssen, auch wenn sie hoch geschätzt sind und vielfach zur Anwendung kommen, am Ende übersetzt werden in eine Begrifflichkeit, die sinnvolle Resultate zeitigt. Dazu erweisen auch die fluoroskopischen Studien die Ansicht als irrig, dass der Hals offen sein muss, um bei der Erzeugung hoher Töne einen dünneren Luftstrom erfolgreich zu erzielen. Somit wird das Konzept der Mundstück-Töne (siehe Seite 7) geradezu unerlässlich mit dessen Hilfe das richtige Gefühl für Ansatz und Luftstrom bei fixierter Tonhöhe entwickelt wird.

Zungenstellung und Rachenöffnung ändern sich tatsächlich beim Vorstoss in die höheren Klangbereiche des Saxophons. Der Spieler wird daher beim ersten Versuch mit hohen Tönen instinktiv die Stosstechnik benutzen, die ihm in zahllosen Stunden der Arbeit zur Gewohnheit geworden ist. Dies aber führt unweigerlich dazu, dass die hohen Töne nicht ansprechen. Darum hier noch einmal der wiederholte Hinweis, JEDEN TON OHNE ZU STOSSEN ZU SPIELEN.

Die Zunge befindet sich bei der Erzeugung hoher Töne in einer von der normalen Lage abweichenden Position; das Gleiche gilt naturgemäss auch für die Artikulierung derselben. Folgende Hinweise zur Stosstechnik im Bereich überhöhter Töne werden sich als nützlich erweisen:

1. Spiele den erwünschten Ton ohne zu stossen.
2. Wiederhole den Vorgang bis der Ton klar anspricht.
3. Erst jetzt soll der Ton gestossen werden.
4. Übe den selben Ton abwechselnd gestossen und ungestossen.
5. Die Zunge muss sich, da sie zur Artikulierung benutzt wird, so weit wie möglich in der Lage befinden, die zur Erzeugung hoher Töne erforderlich ist.

6. Wiederhole obigen Vorgang solange bis ein flüssiges Artikulieren erreicht ist.

Alle nun folgenden Übungen können in vielfältiger Form artikuliert werden.

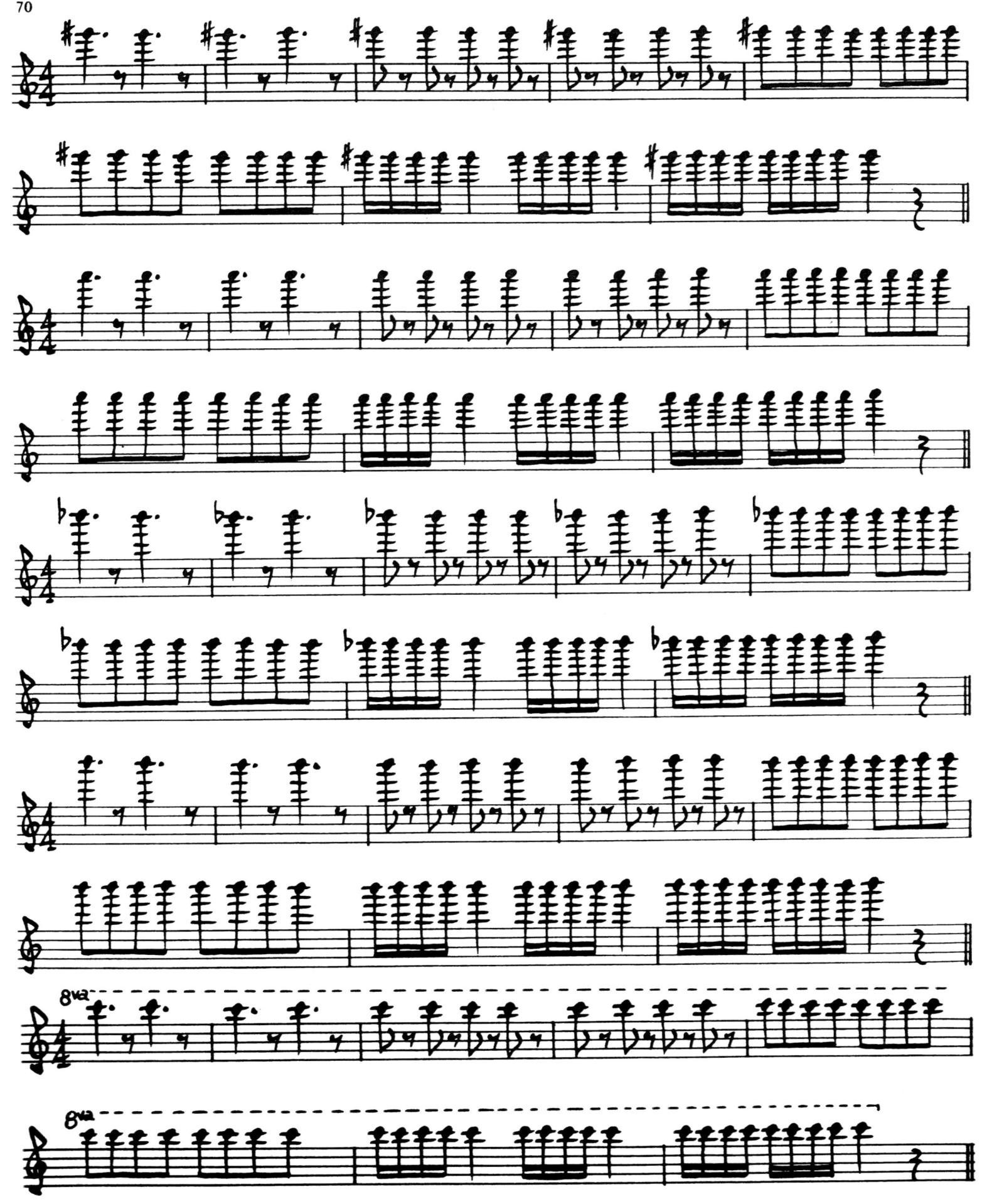

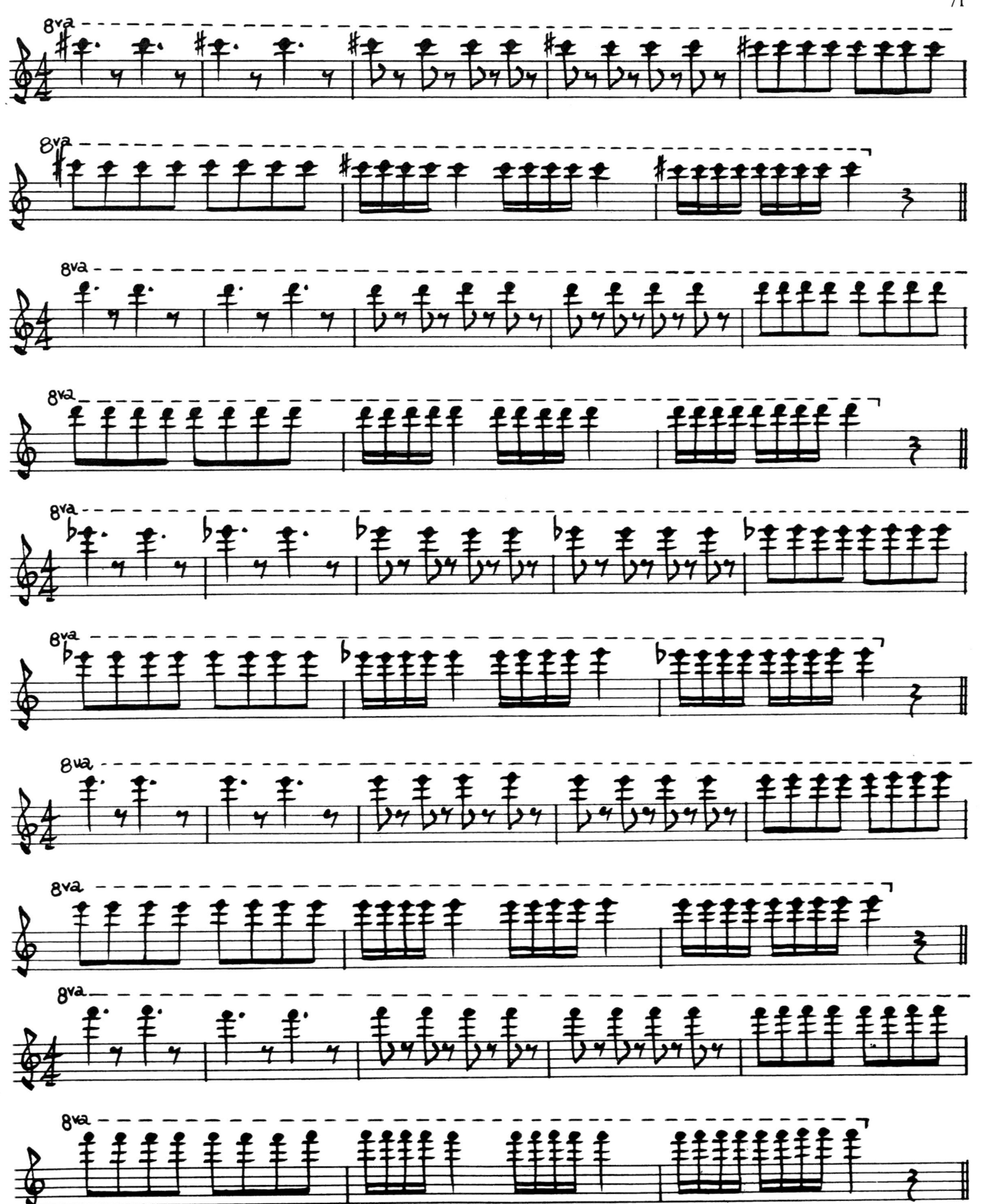

71

Selected Saxophone Music

ALL SAXOPHONES

Saxophone Etudes and Instruction

Rousseau, Eugene

S150001 Saxophone High Tones HL40163
A systematic approach to range extension for all saxophones.

S150008 Saxophone High Tones (Japanese Ed.) HL40169
Translation by Atsuyasu Kitayama

Teal, Larry

S150004 Daily Studies for the Improvement of the Saxophone Technique HL40166
Etudes for all saxophones

SOPRANO SAXOPHONE

Soprano or Tenor Saxophone Solo with Keyboard

Platti, Giovanni arr. Eugene Rousseau

S156001 Sonata in G HL40201
Can also be performed with B-flat clarinet.

ALTO SAXOPHONE

Alto Saxophone Solo with Keyboard

Barnes, James

SU423 Arioso and Presto Op. 108 HL3776335
Commissioned by Joliet Junior College and the American Association of Community Colleges and dedicated to saxophonist Thomas Liley, Arioso and Presto is available with both band and piano accompaniments. Grade 4+, length approx. 7 minutes.

Brahms, Johannes arr. Eugene Rousseau

S151005 Sonata Op. 120 No. 1 in F minor HL40172
Transcription of viola sonata.

S151007 Sonata Op. 120 No. 2 in E-flat major HL40174
Transcription of clarinet sonata.

Debussy, Claude arr. Eugene Rousseau

S151002 Rapsodie HL40171
Rousseau brings to the Rapsodie an artistic sensibility--a fitting addition to the concert recital stage.

Heiden, Bernhard

S151008 Diversion (piano reduction) HL40175
Reduction of full wind ensemble version, available on rental.

S151009 Fantasia Concertante (piano reduction) HL40176
Composed for Saxophone artist Eugene Rousseau.

Milholland, Frank

SU413 Suite After Old English Songs (alto saxophone) HL3776323
The Suite was originally commissioned by Roger Rush as a solo vehicle for English Horn and band after he experienced difficulty finding suitable repertoire for this combination. The successful 1996 premiere led to the composer making additional versions of the solo part for F horn and alto saxophone, with piano reductions for all three instruments. The work is comprised of four movements, each based on a combination of English folk melodies. Duration ca. 20'.

Rabaud, Henri arr. Harry Gee

SS748 Solo de Concours HL3774409
Rabaud's famous Solo de Concours was used for the Paris Conservatory clarinet competition between 1901, '08, and '37. Harry Gee has transcribed the work for alto saxophone and piano, and has also arranged it with both band and orchestra accompaniments. All these editions are available from the publisher. Grade 5.

Saint Saens, Camille arr. Larry Teal

S151013 Sonata Op. 167 Pts HL40178
From the Etoile music catalog.

Stock, David

X151020 Go for Two Ltbdx151020
Go for Two for alto saxophone and piano consists of two contrasting movements: "Warmly" is a lyrical andante followed by a fast rhythmic second movement titled "Driving".

Alto Saxophone with Large Ensemble - solo part

Stock, David

X150012 Double Take for Solo Alto Saxophone, Solo Percussion and Wind Symphony HL42439
Premiered and recorded by the Duquesne University Wind Symphony with Robert Cameron.

SAXOPHONE DUO

Unaccompanied

Telemann, Georg Phillipp arr. Larry Teal

S152002 Six Canonic Sonatas HL40181
From the Etoile music catalog.

SAXOPHONE ENSEMBLES

Saxophone Trio

Beethoven, Ludwig van arr. Larry Teal

S153002 Trio Op. 87 (SAT or ATB) HL40183
A staple in the repertory of saxophone chamber music transcriptions.

Saxophone Quartet (SATB)

Bach, J.S. arr. Michael Cunningham

X154011 Prelude and Fugue HL42551

Massenet, Jules arr. Michael Cunningham

X154009 Haunting Melody HL42549

Moszkowski, Moritz arr. Michael Cunningham

X154012 Italian Serenade "Guitarre" HL42665
Transcribed from Moszkowski's "Guitar" Serenade Op. 45 No. 2.

Poldini, Ede arr. Michael Cunningham

X154010 Dancing Doll HL42550

Scarlatti, Domenico arr. Michael Cunningham

X154008 Sarabande HL42548

QUARTETS, MIXED

Saxophone

Hartley, Walter

SU410 Trio Concertino HL3776320
Dedicated to the Lexington Trio, Walter Hartley's Concertino is among the prolific composer's most performed works. Versions for trio accompanied by both piano and band are available from the publisher. Duration ca. 9'.

Exclusively distributed by HAL•LEONARD CORPORATION

Questions/ comments? info@laurenkeisermusic.com